基金项目：

内蒙古自治区教育厅"党的二十大精神研究"哲学社会科学重大专项
"创新驱动发展背景下高职院校产教融合实施途径研究"
（项目编号：ESDZX202320）

创新驱动发展背景下
高职院校产教融合
实施途径研究

刘军伟 史磊 王胡伊乐 杜玥昕 吴福林 著

天津出版传媒集团

天津人民出版社

图书在版编目(CIP)数据

创新驱动发展背景下高职院校产教融合实施途径研究 /
刘军伟等著. -- 天津 ： 天津人民出版社，2025. 6.
ISBN 978-7-201-21343-9

Ⅰ. G718.5

中国国家版本馆CIP数据核字第202531XK74号

创新驱动发展背景下高职院校产教融合实施途径研究
CHUANGXIN QUDONG FAZHAN BEIJINGXIA GAOZHI YUANXIAO CHANJIAO
RONGHE SHISHI TUJING YANJIU

出　　版	天津人民出版社
出 版 人	刘锦泉
地　　址	天津市和平区西康路35号康岳大厦
邮政编码	300051
邮购电话	(022)23332469
电子信箱	reader@tjrmcbs.com

责任编辑	岳　勇
装帧设计	汤　磊

印　　刷	天津新华印务有限公司
经　　销	新华书店
开　　本	710毫米×1000毫米 1/16
印　　张	12.75
插　　页	2
字　　数	230千字
版次印次	2025年6月第1版　　2025年6月第1次印刷
定　　价	99.00元

目 录

第一章　创新驱动发展战略解读

第一节　创新驱动发展战略提出的背景

在全球化加速推进、知识经济迅猛发展的新时代,创新已成为一个国家经济持续增长、社会全面进步不可或缺的核心动力。面对国际竞争日趋激烈、国内经济发展进入新常态的双重挑战,我国积极应对,适时提出了创新驱动发展战略。这一战略的核心在于,通过深化科技创新,推动产业升级转型,培育新兴产业,提升传统产业竞争力,从而引领我国经济实现高质量发展。科技创新不仅能够带动经济增长,还能促进社会进步,提高人民生活水平。创新驱动发展战略的实施,对于我国经济的持续健康发展、社会的全面进步具有深远意义。在未来的发展中,我国将继续坚持创新驱动,不断推动科技创新与经济社会的深度融合,为实现中华民族伟大复兴的中国梦贡献力量。

一、国际背景

创新驱动发展战略的提出,其国际背景主要是全球化和科技革命的深入发展。在经济全球化加速推进的背景下,各国之间的竞争愈发激烈,科技创新能力成为衡量一个国家综合国力的重要指标。同时,随着新一轮科技革命和产业变革的加速演进,重大颠覆性创新不断涌现,为经济社会发展提供了前所未有的驱动力。

(一)科技革命深入开展

科技革命是推动全球经济社会发展的强大动力,其深入开展不仅改变

创新驱动发展背景下高职院校产教融合实施途径研究

了生产方式和生活方式,更在全球范围内引发了一场深刻的社会变革。在21世纪的今天,科技革命的步伐愈发快速,影响范围愈发广泛,已经成为创新驱动发展战略提出的重要国际背景。

科技革命正以前所未有的速度和规模推动着技术创新,引领全球进入一个全新的科技时代。随着人工智能、大数据、云计算、物联网等前沿技术的迅猛发展,全球范围内的科技创新能力得到了显著提升。这些新技术不仅极大地提高了生产效率,降低了生产成本,还在多个领域引发了颠覆性的变革。在医疗领域,人工智能技术的应用正在逐步改变传统的医疗模式。通过精准的算法和数据分析,人工智能能够在医疗诊断、手术操作、药物研发等方面提供高效、准确的支持,极大地提高了医疗服务的水平和效率。在教育领域,云计算和大数据技术为个性化教学提供了可能,让每个学生都能享受到量身定制的教育资源。在企业管理方面,大数据技术的广泛应用为企业的精准营销、风险防控等提供了强有力的支持。通过对海量数据的分析和挖掘,企业能够更准确地把握市场需求和消费者行为,制定更为有效的营销策略和风险管理方案。科技革命带来的技术创新正在深刻改变着我们的生活和工作方式,推动着全球经济社会的快速发展。

科技革命不仅引领了技术创新的浪潮,还推动了全球创新网络的构建。在全球化的大背景下,各国之间的科技交流与合作日益密切,创新资源在全球范围内加速流动,形成了一个庞大的创新生态系统。跨国企业、科研机构、高校等创新主体之间的合作与交流,成为推动全球创新网络构建的重要力量。这些创新主体通过共享资源、协同研发、人才培养等方式,促进了创新成果的快速传播和应用,推动了全球创新网络的不断完善。这一趋势使得各国在科技创新方面的竞争愈发激烈。为了在全球创新网络中占据有利地位,各国政府纷纷出台创新驱动发展政策,加大科技研发投入,优化创新环境,吸引和培养创新人才,以增强本国在科技革命中的竞争力。全球创新网络的构建和完善,不仅促进了全球科技创新的快速发展,也为各国之间的合作与交流提供了更为广阔的空间和机遇。未来,随着科技革命的深入推进,全球创新网络将继续发挥重要作用,推动全球经济社会的持续发展和繁荣。

科技革命是一把双刃剑,既带来了前所未有的挑战,也孕育了无限的机遇。一方面,新技术的不断涌现和广泛应用,对传统行业构成了巨大的冲击,迫使其进行转型升级,以适应新的市场需求和技术变革。这不仅需要企业投入大量的资源和精力进行技术研发和创新,还需要企业重新审视和调整原有的商业模式和运营策略。另一方面,新技术也为新兴产业的发展提供了广阔的空间和前所未有的机遇。新能源汽车、智能制造、生物医药等新兴产业的快速发展,不仅推动了全球经济的转型升级,也为各国在科技创新方面的竞争提供了新的赛道和舞台。这些新兴产业以其独特的优势和潜力,正在成为推动全球经济增长的重要力量。面对科技革命带来的挑战和机遇,各国需要积极应对,加强科技创新和人才培养,推动产业升级和转型,以把握科技革命带来的历史机遇,实现经济社会的持续发展和繁荣。

(二)产业变革加速演进

产业变革是科技革命的直接结果和必然产物,其加速演进对全球经济社会发展产生了深远的影响。在创新驱动发展战略提出的国际背景下,产业变革同样扮演着重要的角色。

产业变革正以前所未有的力量推动着全球产业结构的优化升级。随着科技革命的深入推进,传统行业面临着前所未有的挑战和机遇,纷纷进行转型升级,以适应新的市场需求和技术变革。与此同时,新兴产业也在不断涌现和发展,为全球经济注入了新的活力和动力。这一趋势使得全球产业结构发生了深刻的变化。传统产业,如煤炭、钢铁等重工业的比重逐渐下降,而新兴产业,如智能制造、工业互联网等高科技产业的比重不断上升。这种变化不仅反映了全球经济的转型升级,也体现了科技进步对产业结构调整的深远影响。在制造业领域,智能制造、工业互联网等新兴技术的广泛应用,正在推动传统制造业向智能化、网络化、服务化方向转型升级。这些技术的应用不仅提高了生产效率,降低了生产成本,还使得制造业更加灵活、高效,能够更好地满足市场需求。这种转型升级不仅推动了全球制造业的优化升级,也为各国在制造业领域的竞争提供了新的机遇和挑战。未来,随

创新驱动发展背景下高职院校产教融合实施途径研究

着科技革命的深入推进,全球产业结构将继续发生深刻变化,新兴产业将继续崛起,为全球经济注入新的活力和动力。

产业变革正以惊人的速度推动着全球产业链的整合与重构,这一趋势在全球化的大背景下愈发显著。随着各国间产业合作与交流的日益频繁,产业链在全球范围内进行优化布局和重新配置已成为大势所趋。这一变革不仅增强了全球产业链的稳定性和整体竞争力,更为各国在全球产业链中重新定位自己的角色提供了前所未有的机遇和挑战。通过加强产业链上下游的紧密合作与协调,各国能够更好地发挥各自的优势,实现资源共享和优势互补,从而在全球产业链中占据更加有利的地位。以新能源汽车产业链为例,中国凭借其在市场规模、技术创新和政策支持等方面的显著优势,已经成为全球最大的新能源汽车市场和生产国。中国不仅推动了本国新能源汽车产业的快速发展,更为全球新能源汽车产业的整合与重构提供了强有力的支持。中国新能源汽车产业的崛起,不仅为全球新能源汽车市场注入了新的活力,也为全球产业链的优化升级提供了新的动力。随着科技革命和产业变革的深入推进,全球产业链的整合与重构将继续加速。各国需要加强合作与交流,共同推动全球产业链的健康发展。同时,各国也需要根据自身的实际情况,制定合适的产业发展战略,以在全球产业链中更好地发挥自身优势,实现可持续发展。

产业变革也是一把双刃剑,既带来了前所未有的机遇,也伴随着巨大的挑战和风险。随着新技术的不断涌现和广泛应用,传统行业正面临着前所未有的转型升级压力。这些新技术不仅要求传统行业进行技术革新,更要求其调整经营模式和思维方式,以适应新的市场环境和技术趋势。与此同时,新兴产业的发展之路也并非坦途。技术成熟度、市场需求、政策环境等诸多不确定性因素,使得新兴产业的未来发展充满了变数。这些因素不仅影响着新兴产业的成长速度和规模,更可能对其长期发展产生深远影响。面对这些挑战和风险,各国政府纷纷出台创新驱动发展政策,旨在增强本国在产业变革中的竞争力和适应能力。这些政策不仅鼓励科技创新和产业升级,更致力于优化创新环境,培育创新人才,为产业变革提供坚实的支撑和保障。

在全球化的今天,科技革命正以前所未有的速度深入发展。新一代信息技术、生物技术、新能源技术等领域的突破,不仅推动了生产力的飞速发展,也重塑了全球的经济结构和竞争格局。这场科技革命以创新驱动为核心,不断催生新的产业和业态,为全球经济注入新的活力。随着人工智能、大数据、云计算等技术的广泛应用,智能化、数字化、网络化成为经济社会发展的重要趋势,并推动全球产业链、供应链、价值链的深刻变革。

(三)国际竞争格局重塑

在全球化和科技革命的大背景下,国际竞争格局正在发生深刻的变化。创新驱动发展战略的提出,正是为了应对这一变化带来的挑战和机遇。

创新驱动发展战略有助于提升国家的国际竞争力。创新驱动发展战略作为现代国家提升国际竞争力的核心战略,正日益展现出其在科技革命和产业变革中的关键作用。随着信息技术的飞速发展,特别是人工智能、大数据、物联网等领域的突破,全球科技和经济竞争已呈现出前所未有的激烈态势。为了在这场全球竞赛中占据先机,各国政府纷纷将创新驱动发展置于国家战略的高度,通过加大研发投入、优化创新环境、培养高端人才等措施,全面提升本国的科技创新能力和产业竞争力。这些政策的实施,不仅促进了国内经济的转型升级,也为全球经济的可持续发展注入了新的活力。

创新驱动发展战略有助于推动全球经济的均衡发展。创新驱动发展战略在推动全球经济均衡发展方面同样扮演着至关重要的角色。在全球化的大背景下,各国经济日益紧密地联系在一起,形成了一个复杂而庞大的全球经济体系。然而,发展不平衡的问题也随之凸显,发达国家与发展中国家之间的差距日益扩大。创新驱动发展战略的提出,为解决这一问题提供了新的思路。通过加强国际科技创新和产业升级合作,发展中国家可以引进先进技术和管理经验,加速工业化进程,提升经济发展水平;而发达国家则能借此机会拓展新兴市场,寻找新的经济增长点,实现互利共赢。这种合作模式不仅有助于缩小全球发展差距,还能促进全球经济的稳定增长和可持续发展。

创新驱动发展背景下高职院校产教融合实施途径研究

创新驱动发展战略有助于应对全球性挑战。在全球化和科技革命的大背景下,各国面临着诸多全球性挑战和问题,如气候变化、能源安全、公共卫生等。这些问题不仅关乎各国的国家利益,更关系到全人类的福祉和未来。创新驱动发展战略的提出,为解决这些全球性挑战提供了新的契机。通过加强在新能源、生物医药等领域的科技创新和产业升级合作,各国可以共同应对气候变化、保障能源安全、提升公共卫生水平。例如,在新能源领域,各国可以共同研发更高效、更环保的能源技术,推动全球能源结构的优化升级;在生物医药领域,各国可以加强疫苗研发、疾病防控等方面的合作,共同提升全球公共卫生体系的应对能力。这种合作模式不仅有助于解决当前面临的全球性挑战,还能为未来的可持续发展奠定坚实基础。

创新驱动发展战略的提出,是在科技革命深入开展、产业变革加速演进和国际竞争格局重塑的国际背景下应运而生的。这一政策不仅有助于提升国家的国际竞争力、推动全球经济的均衡发展以及应对全球性挑战和问题,更为全球经济的转型升级和可持续发展提供了新的动力。在未来,随着科技革命和产业变革的深入推进以及国际竞争格局的进一步变化,创新驱动发展战略将继续发挥重要作用,为全球经济社会的发展注入新的活力和动力。

二、国内背景

创新驱动发展战略的提出,其国内背景同样深刻而复杂,主要体现在"经济发展进入新常态""创新能力亟待提升"以及"产业升级需求迫切"三个方面。

(一)经济发展进入新常态

自2012年起,中国经济步入了一个全新的发展阶段,告别了持续近二十年的高速增长奇迹,转而迈向了一个更为稳健、注重质量的中高速增长新常态。这一历史性的转变,不仅是中国经济发展到一定阶段的必然产物,也是国内外环境深刻变化的综合反映,标志着中国经济正式踏入了结构优化、动力转换的关键时期。

第一章 创新驱动发展战略解读

在新常态下,中国经济发展的首要特征便是经济增长速度的适度放缓,由以往的高速增长转变为更加稳健的中高速增长。这一转变并不意味着中国经济的停滞或衰退,相反,它反映了中国经济正在向更加平稳、可持续的增长模式过渡。在这一阶段,经济增长不再单纯追求速度,而是更加注重质量与效益,力求在保持合理增长速度的同时,增强经济的内生动力和抗风险能力。与此同时,中国经济结构也在持续优化升级。第三产业,即服务业,逐渐成为经济增长的主要驱动力,消费需求对经济增长的贡献率不断提升,取代了以往过度依赖投资和出口的局面。这一转变不仅促进了经济的多元化发展,还有效缓解了城乡、区域之间的发展不平衡问题,使得发展成果能够更加公平地惠及更广泛的民众。居民收入占比的上升,进一步增强了民众的获得感和幸福感,为构建和谐社会奠定了坚实的基础。更为重要的是,中国经济正在实现从要素驱动、投资驱动向创新驱动的根本性转变。这一转变要求中国经济必须摆脱对传统生产要素(如劳动力、资源等)的过度依赖,转向依靠科技进步和人才素质的提升来驱动经济增长。这意味着,未来中国经济的发展将更加依赖于创新能力的培育,包括科技创新、制度创新、管理创新等多个层面,以推动产业、产品、业态和商业模式的全面革新,实现经济的高质量发展。

面对新常态下的挑战与机遇,中国政府高瞻远瞩,深刻认识到创新驱动发展战略对于国家长远发展的重要性。这一战略不仅是中国应对日益激烈的国际竞争压力、实现经济转型升级的必然选择,更是提升国家综合国力、实现中华民族伟大复兴的中国梦的关键所在。因此,中国政府将创新驱动发展战略置于国家发展的核心位置,通过一系列政策举措,如加大研发投入、优化创新环境、培养创新人才、推动产学研深度融合等,旨在激发全社会的创新活力,加速科技成果向现实生产力转化,从而推动中国经济实现中高速增长并迈向中高端水平。

(二)创新能力亟待提升

尽管中国已经跃居世界第二大经济体,其经济规模和市场潜力令世界瞩目,但在创新能力这一关键领域,中国仍面临诸多挑战,与一些发达国家相比存在一定的差距。这种差距主要体现在"自主创新能力不强""科技人才队伍不精"以及"创新体系效能不高"等核心问题上,这些问题不仅影响着中国经济的可持续发展,也对中国在全球科技竞争中的地位构成了挑战。

自主创新能力不强是当前中国科技创新领域的一大短板。在一些关键领域和核心技术上,如高端芯片、精密仪器、关键材料和生物医药等,中国仍高度依赖进口。这种技术依赖不仅限制了国内产业的自主发展,使得中国在产业链和价值链中处于相对被动的地位,同时也增加了经济安全风险。在全球化背景下,任何外部技术封锁或供应链中断都可能对中国的经济发展造成重大影响。因此,加强自主创新能力,掌握更多核心技术,对于提升中国经济的安全性和竞争力至关重要。

科技人才队伍虽然规模庞大,但整体质量仍有待提升。尽管中国已经拥有了一支数量可观的科技人才队伍,但在领军人才和高技能人才方面仍然相对匮乏。这些高端人才是科技创新的源泉和动力,他们的缺失严重制约了中国在科技创新方面的竞争力和影响力。同时,创新型企业家群体的不足也限制了中国科技创新的活力。创新型企业是推动科技创新和产业升级的重要力量,它们的缺失使得中国的科技创新生态不够丰富和多元。

创新体系整体效能不高是当前中国科技创新面临的又一难题。企业作为创新的主体,其创新动力不足,创新链条不够顺畅,创新治理体系不够科学,导致创新效率和创新成果转化能力较低。此外,科研机构、高校和企业之间的协同创新机制尚未完善,科研成果的转化和应用仍然面临诸多障碍。这些问题不仅影响了科技创新的效率和效果,也制约了中国在全球科技竞争中的地位。

为了提升创新能力,我国政府提出了创新驱动发展战略,旨在通过加强科技创新体系建设、培育创新型人才、推动产学研深度融合等措施,提高国家整体创新能力和核心竞争力。这一战略的实施不仅有助于解决当前科技创新领域存在的问题,也有助于推动中国经济实现高质量发展。

为了保障创新驱动发展战略的顺利实施,我国政府还加大了对科技创新的投入和支持力度。包括增加科研经费投入、优化科研资源配置、加强知识产权保护等措施在内的政策"组合拳",为科技创新提供了有力的制度保障和资金支持。这些措施的实施将有助于激发全社会的创新活力,使科技创新成为推动中国经济持续健康发展的强大动力。

（三）产业升级需求迫切

随着全球经济的迅猛发展和国际竞争的日益激烈,中国作为世界第二大经济体,面临着前所未有的挑战与机遇。在这一背景下,产业升级成为中国经济发展的关键词,它不仅关乎国家经济的持续健康发展,更是实现民族复兴的必由之路。

传统的发展模式,即高投入、高消耗、高污染、低效益的"三高一低"模式,已经难以适应当前的经济形势和环保要求。这种模式的持续运行不仅会导致资源枯竭、环境污染加剧,还会削弱中国在全球产业链中的竞争力。因此,加快产业升级,转变经济发展方式,已成为中国经济发展的迫切需求。产业升级对于中国的意义远不止于应对国际竞争压力。它是实现经济可持续发展、提升国家综合实力的重要途径。通过产业升级,中国可以优化产业结构,提高产业附加值,增强产业的国际竞争力。同时,产业升级还能推动经济向更高质量、更有效率、更加可持续的方向发展,为中国的长远发展奠定坚实基础。

在产业升级的过程中,创新驱动发挥着举足轻重的作用。科技创新是产业升级的核心动力,只有通过科技创新,才能推动传统产业的转型升级,催生新兴产业,形成新的经济增长点。因此,中国政府高度重视科技创新,提出了创新驱动发展战略,旨在通过科技创新引领产业升级,推动经济高质量发展。为了实施这一战略,中国政府采取了一系列有力措施。一方面,加大对新兴产业的培育和支持力度。新能源、新材料、生物医药等战略性新兴产业具有广阔的发展前景和巨大的市场潜力。政府通过政策引导和市场机制相结合的方式,为这些产业提供资金、技术、人才等方面的支持,推动其快速发展和壮大。另一方面,积极推动传统产业的转型升级。通过技术改造、工艺创新、品牌建设等方式,提高传统产业的附加值和竞争力。同时,加强对产能过剩行业的化解和重组力度,推动这些行业向更加高效、环保的方向发展。

此外,中国政府还积极加强与国际社会的合作与交流。在全球化的背景下,任何国家都无法独自应对所有挑战。通过引进外资、技术合作、人才培养等方式,中国可以借鉴国际先进经验和技术成果,推动产业升级的进程。同时,积极参与国际竞争和合作,提升中国产业在全球价值链中的地位,推动中国产业向全球价值链中高端攀升。

在产业升级的过程中,还需要注意处理好三个关系。一是处理好政府与市场的关系。政府应发挥引导作用,为产业升级提供良好的政策环境和市场环境;同时,也要尊重市场规律,发挥市场在资源配置中的决定性作用。二是处理好传统产业与新兴产业的关系。传统产业是国民经济的基础,新兴产业是未来发展的方向。在推动产业升级的过程中,既要注重新兴产业的培育和发展,也要注重传统产业的转型升级和可持续发展。三是处理好国内与国际的关系。在全球化的大背景下,产业升级需要国际视野和全球思维。既要注重国内市场的开拓和培育,也要积极参与国际竞争和合作,推动中国产业走向世界舞台的中央。

我国创新驱动发展战略的提出是在全球科技革命和产业变革加速演进、国际竞争格局重塑以及国内经济发展进入新常态等多重背景下作出的重大战略决策。这一战略的提出和实施对于提升国家竞争力、推动经济高质量发展以及促进社会全面进步具有重要意义。未来我国应继续加大科技创新投入和人才培养力度,加强创新体系建设和完善创新机制,为实现中华民族伟大复兴的中国梦提供坚实支撑。

第二节　创新驱动发展战略的核心要义

创新驱动发展战略,是我国在新时代背景下提出的一项具有深远意义的重要战略方针。这一战略不仅彰显了中国共产党对科技创新的高度重视与深刻理解,更指明了国家未来发展与民族复兴的必由之路。它强调以科技创新为核心,通过推动技术进步、产业升级和制度创新,激发社会创造活力,提升国家整体竞争力。创新驱动发展战略的实施,不仅有助于加快转变经济发展方式,实现经济持续健康发展,更将为我国在全球竞争中赢得主动,推动社会全面进步,实现中华民族伟大复兴的中国梦奠定坚实基础。

一、创新驱动发展战略的核心在于科技创新

在全球化和信息化的时代背景下,创新驱动发展战略已成为推动国家经济社会持续健康发展的关键路径。科技创新,作为这一战略的核心要素,其对于产业升级、经济转型、国家竞争力提升、社会进步和民生改善等方面的意义,无疑具有深远而广泛的影响。

(一)科技创新是产业升级与经济转型的引擎

科技创新是推动产业升级和经济转型的重要引擎,它如同一股强劲的动力,驱动着国家经济不断向前发展。在新技术革命的浪潮下,我们见证了以人工智能、大数据、云计算、物联网为代表的新一代信息技术如何深刻地改变着传统产业的生产方式和运营模式,为经济转型升级注入了新的活力。

科技创新在提升传统产业竞争力方面发挥了至关重要的作用。通过引入智能化设备、自动化生产线和先进的生产工艺,传统产业能够实现生产效率的显著提升。这些新技术和新设备的应用,使得生产流程更加优化,减少了人为因素的干扰,从而提高了生产效率和产品质量。同时,智能化和自动化的生产方式还能够降低生产成本,使企业在激烈的市场竞争中保持或获得竞争优势。例如,在汽车制造业中,智能机器人和自动化生产线的广泛应用,不仅大幅提高了生产效率和产品质量,还降低了劳动力成本,使得汽车制造业在全球市场上更具竞争力。

除了提升传统产业竞争力,科技创新还催生了大量新兴产业,如智能制造、新能源、生物医药等。这些新兴产业以其高附加值、高增长潜力和强创新能力,成为推动经济转型升级的重要力量。智能制造作为新一代信息技术与制造业深度融合的产物,正在引领制造业向智能化、网络化、服务化方向发展。新能源产业则通过发展可再生能源和清洁能源,推动了能源结构

的优化和升级,为应对气候变化和实现可持续发展提供了有力支撑。生物医药产业则通过创新药物研发、医疗器械制造和医疗服务提供等方式,提高了人民健康水平,促进了医疗健康产业的快速发展。

这些新兴产业的发展,不仅带动了相关产业链的发展,还促进了就业结构的优化和劳动力素质的提升。新兴产业的兴起,使得劳动力需求结构发生了显著变化,对高素质、高技能人才的需求日益增加。这促使教育机构和企业加强人才培养和引进,提高了劳动力素质和技能水平。同时,新兴产业的发展也为就业市场提供了新的岗位和机会,缓解了就业压力,促进了社会稳定和经济发展。

在创新驱动发展战略的框架下,科技创新不仅促进了产业结构的优化升级,还推动了经济发展方式的根本性转变。过去,我国经济发展主要依赖资源消耗和低成本劳动力的传统发展模式。然而,随着资源环境约束日益加剧和人口红利逐渐消失,这种发展模式已经难以为继。因此,我们必须加快转变经济发展方式,依靠科技创新和人力资本驱动的高质量发展模式来推动经济发展。

这种转变意味着我们要更加注重科技创新在经济发展中的引领作用。通过加强科技研发和创新投入,提高自主创新能力,培育具有国际竞争力的创新型企业和产业集群。同时,我们还要加强人才培养和引进,提高劳动力素质和技能水平,为经济发展提供有力的人才支撑。此外,我们还要加强政策引导和支持,为科技创新和产业升级创造良好的政策环境和市场环境。

(二)科技创新是国家竞争力提升的关键

在当今这个日新月异的时代,科技创新已成为推动社会进步与经济发展的核心动力,也是衡量一个国家综合国力与国际竞争力的重要指标。它不仅深刻改变了我们的生产方式、生活方式和思维方式,还为国家在全球经济版图中争取更有利的位置提供了坚实的支撑。

科技创新推动产业价值链升级。在全球化的产业分工体系中,科技创新如同一股强大的推动力,引领着传统产业向价值链的高端攀升。在制造业领域,智能制造技术的广泛应用实现了生产过程的自动化、智能化,并通过物联网、大数据等技术的融合,实现了生产数据的实时监控与分析,从而大幅提高了生产效率与产品质量。工业互联网的兴起打破了传统生产模式的局限,使企业能够根据市场需求快速响应,实现个性化定制与柔性生产,增强了产品的市场竞争力。在服务业领域,云计算、人工智能、区块链等前沿技术的融合应用,推动了服务业的数字化、智能化转型,催生了在线教育、远程医疗、智慧金融等新兴服务模式,提升了服务的质量与效率,拓宽了服务的范围与边界。同时,科技创新还为新兴产业的培育与发展提供了广阔的空间,为经济的持续增长注入了新的活力。

科技创新在提升产品与服务质量及附加值方面发挥着关键作用。通过不断研发新技术、新材料,企业能够开发出性能更优、功能更全、用户体验更佳的产品,从而在激烈的市场竞争中脱颖而出。在消费电子领域,5G技术的广泛应用和折叠屏技术的突破,为用户带来了前所未有的网络体验和更加灵活的移动生活。新能源汽车领域受益于电池技术和智能驾驶系统的革新,显著提高了电动汽车的续航能力和驾驶的安全性。此外,科技创新也深刻影响了服务行业的发展,大数据分析客户需求使企业能够精准把握市场动态,提供定制化服务方案,满足消费者的个性化需求。高质量的产品和服务不仅满足了消费者日益增长的多样化需求,也为企业赢得了更高的市场份额和利润空间。

科技创新在促进国家软实力提升方面发挥着重要作用。通过加强科技文化交流,国家能够向世界展示其科技成就与创新文化,增进国际社会对国家的理解和认同。举办国际科技论坛、科技展览等活动,为各国科技工作者搭建了交流互鉴的平台,促进了国际社会对国家形象的正面认知。同时,培育具有国际视野和创新能力的高端科技人才,是国家科技创新持续发展的不竭动力。这些人才通过在国际舞台上的活跃表现,为国家赢得了国际尊重,并将国家的科技理念和创新精神传播到世界各地。此外,深化国际科技合作,参与或主导国际科技组织和项目,是国家提升软实力、增强国际话语权的关键举措。通过与国际科技界的紧密合作,国家能够共享全球科技资源,促进科技创新的快速发展;积极参与国际科技治理,推动建立公平、公正、合理的国际科技秩序,有助于提升国家在国际科技领域的话语权和影响力。

(三)科技创新是社会进步与民生改善的重要支撑

科技创新在推动社会进步和改善民生方面,正以前所未有的深度和广度发挥着至关重要的作用。它不仅重塑了传统行业的面貌,更是在教育、医疗健康、环境保护以及社会治理等多个领域,带来了深刻的变革与显著的成效。

在教育领域,科技创新正引领着教育资源的优化配置和教育方式的深刻变革。随着互联网技术的飞速发展,在线教育、远程教育等新型教育模式应运而生,极大地拓宽了教育的边界,使得更多人有机会享受到优质的教育资源。这些新型教育模式打破了地域、时间等限制,使得偏远地区、农村地区的孩子也能接触到一线城市乃至国际水平的教学内容,促进了教育公平的实现。在线教育平台的兴起,不仅为学习者提供了丰富的课程资源,还通过在线测评、互动问答等功能,实现了个性化学习的可能性,提高了教育效果和学习效率。除此之外,人工智能、大数据等技术在教育领域的应用,更是推动了教育方式的创新。通过智能推荐系统,学生可以根据自己的学习进度和兴趣,获得个性化的学习路径和资源;而大数据分析则能够帮助教育者更好地理解学生的学习行为和成效,从而调整教学策略,实现精准教学。这些技术的应用,不仅提升了教育的质量,也促进了学生综合素质的全面发展,为社会培养更多具有创新精神和实践能力的人才。

在医疗健康领域,科技创新同样带来了革命性的变化。智能医疗、远程医疗等新型医疗服务模式的出现,极大地提高了疾病的诊断与治疗水平,同时也促进了公共卫生体系的完善。智能医疗系统能够利用人工智能技术对海量医疗数据进行深度分析,辅助医生进行疾病诊断,提高诊断的准确性和效率。远程医疗技术则使得患者即使身处偏远地区,也能享受到大城市专家级的医疗服务,极大地缓解了医疗资源分布不均的问题。同时,科技创新还在疾病预防、健康监测等方面发挥着重要作用。可穿戴设备、移动健康App等产品的普及,使得个人健康数据得以实时收集和分析,为健康管理提供了科学依据。通过大数据分析,可以预测疾病发生的风险,提前采取干预措施,降低疾病发生率。这些技术的应用,不仅提高了医疗服务的质量,也增强了公众的健康意识和自我管理能力,为构建健康社会奠定了坚实基础。

在环境保护方面,科技创新为节能减排、污染治理和资源循环利用提供了全新的解决方案。清洁能源技术的突破,如太阳能、风能、核聚变等,正在逐步替代化石能源,减少温室气体排放,缓解全球气候变暖的趋势。绿色建筑技术的推广,通过高效节能材料、智能建筑管理系统等手段,降低了建筑能耗,提高了能源利用效率,为城市可持续发展提供了有力支撑。在污染治理方面,科技创新也发挥了重要作用。通过先进的废水处理技术、废气净化技术等,可以有效去除工业废水、废气中的有害物质,减少对环境的污染。同时,资源循环利用技术的发展,如垃圾分类与回收、废弃物资源化利用等,不仅减少了资源的浪费,也减轻了环境压力,促进了人与自然和谐共生。

在社会治理领域,科技创新同样扮演着重要角色。大数据、人工智能等技术的应用,使得政府能够更加精准地掌握社会动态,提高决策的科学性和效率。通过数据分析,政府可以及时发现社会问题,预测发展趋势,从而制定更加有效的政策措施。例如,利用大数据分析城市交通流量,可以优化交通管理,缓解交通拥堵;通过分析社交媒体数据,可以了解公众情绪,预测社会事件,提前进行干预。同时,科技创新还为公众提供了更加便捷、高效的公共服务。智慧交通、智慧安防等系统的应用,不仅提高了城市交通的效率和安全性,也增强了公众的安全感和幸福感。智慧社区的建设,通过物联网、云计算等技术,实现了社区管理的智能化,提升了居民的生活品质。这些技术的应用,不仅提升了社会治理的现代化水平,也促进了社会和谐稳定发展。

(四)科技创新是创新驱动发展战略的基石与保障

创新驱动发展战略,作为国家发展的核心策略,旨在以创新为引擎,引领经济社会迈向更高质量与更高效益的未来。在此战略框架下,科技创新不仅是基石与灵魂,更是推动其持续前行、确保战略落地的核心动力。它肩负着引领经济社会转型升级的重任,是创新驱动发展战略稳步前进的关键。

创新驱动发展背景下高职院校产教融合实施途径研究

科技创新如同永动机,为创新驱动发展战略注入了不竭的活力。在探索新技术、研发新产品的过程中,科技创新不断优化产业结构,为经济体系注入新动力。它推动传统产业转型升级,新兴产业蓬勃发展,挖掘出更多潜在经济增长点。例如,智能制造技术的广泛应用,不仅大幅提升生产效率、降低成本,还带动上下游产业链发展,形成良性循环,推动整个经济体系转型升级。同时,科技创新促进新兴产业崛起,如人工智能、大数据、云计算等,成为经济增长的新引擎,带动相关产业发展,形成新的经济增长点,为经济注入新活力。

在全球化背景下,国际竞争日益激烈,科技革命日新月异。科技创新成为实施创新驱动发展战略应对挑战、把握机遇的重要武器。首先,科技创新是提升国家整体竞争力的关键。在全球化竞争中,科技创新能力是衡量国家综合实力的重要指标。如中国在5G、人工智能等领域的快速发展,不仅提升了国家科技实力,还为经济社会发展提供了强有力支撑。其次,科技创新是应对外部环境变化的重要手段。面对全球气候变化、资源短缺等挑战,科技创新提供了应对之策,如研发清洁能源技术、提高资源利用效率等,助力实现可持续发展。例如,中国在新能源领域的快速发展,推动经济绿色转型,为全球应对气候变化做出积极贡献。最后,科技创新推动产业升级、优化经济结构,通过推动产业向高端化、智能化、绿色化方向发展,提高经济发展质量。如智能制造、工业互联网等技术的广泛应用,推动制造业向高端化、智能化发展,提升制造业附加值和竞争力。

为实现经济社会可持续发展,提升国家整体竞争力,加强科技创新是关键。为此,需从政策引导、资金投入、人才培养、国际合作与交流等多方面入手,营造良好的科技创新生态。政策引导是加强科技创新的重要保障。政府应完善科技创新政策体系,提供有力的政策支持和保障。通过税收优惠、资金扶持等政策,鼓励企业加大研发投入,推动科技创新成果的应用转化。同时,加大知识产权保护力度,为科技创新提供良好的法治环境。资金投入是加强科技创新的重要支撑。科技创新需要大量资金投入,政府应加大投入力度,引导社会资本流向科技创新领域。建立多元化的融资渠道,为科技创新提供充足的资金支持,确保科技创新持续进行。人才培养是加强科技创新的重要基础。科技创新离不开高素质人才队伍。政府应加强科技创新人才的培养和引进,打造具有国际竞争力的科技创新人才队伍。同时,加强教育与产业深度融合,推动产学研用协同发展,为科技创新提供源源不断的人才支撑。国际合作与交流是加强科技创新的重要途径。在全球化背景下,科技创新成为国际合作与交流的重要领域。通过加强国际合作与交流,共享全球科技创新成果和资源,推动科技创新快速发展。政府应积极参与国际科技创新合作与交流活动,加强与国际科技界的沟通与协作,共同推动全球科技创新发展。

二、创新驱动发展战略强调自主创新的道路

(一)自主创新是民族独立与国家发展的坚固基石

自主创新不仅是科技进步的不竭源泉,更是民族独立与国家发展的坚实基石。在全球化的浪潮中,科技竞争已成为国际竞争的核心领域,而自主创新则是国家在这场没有硝烟的战争中保持领先地位、立于不败之地的关键所在。通过自主创新,我们能够深入探索科技的奥秘,掌握核心技术,从而摆脱对外部技术的过度依赖,确保国家的经济安全、政治稳定以及文化的繁荣发展。这不仅关乎国家的长远利益,更是维护国家尊严和民族自信的重要体现。

从历史的长河中回望,自主创新对于国家的崛起和民族的复兴始终发挥着举足轻重的作用。以中国为例,自改革开放以来,中国在科技领域取得了举世瞩目的成就。通过坚持不懈的自主创新,中国不仅在某些高科技领域达到了世界领先水平,还成功实现了从"中国制造"向"中国创造"的历史性转变。这一转变不仅极大地提升了国家的整体实力和国际地位,更让中华民族在世界舞台上焕发出了前所未有的光彩。

自主创新不仅推动了科技的进步,更激发了民族的自豪感和凝聚力。它让我们深刻认识到,只有依靠自己的力量,才能在国际竞争中立于不败之地,实现民族的伟大复兴。因此,我们应继续加大自主创新的力度,培养更

多的科技人才,为国家的繁荣富强和民族的伟大复兴贡献智慧和力量。

(二)自主创新是科技与经济深度融合的桥梁

自主创新是实现科技与经济深度融合的关键环节。在知识经济蓬勃发展的当下,科技创新已经跃升为驱动经济社会发展的核心引擎。然而,值得注意的是,科技创新并非孤立无援的个体,它需要与经济体系紧密相连,相互渗透,才能将理论的火花转化为推动社会进步的实际生产力。

自主创新在这一过程中扮演着至关重要的角色。它能够确保技术的先进性与实用性并驾齐驱,使科技成果更加精准地对接经济社会发展的实际需求。通过自主创新,我们不仅能够研发出具有自主知识产权的新产品、新技术和新服务,更能以此为基础,推动产业结构的深度优化与全面升级,实现经济质量与效益的双重提升。

自主创新还是新兴产业发展的催化剂。它能够激发市场活力,催生出一系列以科技创新为核心竞争力的新兴产业,为经济增长注入源源不断的动力。这些新兴产业往往具有高技术含量、高附加值、低能耗、低污染等特点,是实现经济绿色、可持续发展的重要支撑。

自主创新不仅是实现科技与经济深度融合的桥梁,更是推动经济社会高质量发展的关键所在。因此,我们应持续加大自主创新力度,不断提升科技创新能力,确保科技成果能够更好地服务于经济社会发展大局,为实现中华民族伟大复兴的中国梦贡献智慧和力量。

(三)自主创新是应对复杂国际环境的战略选择

在全球化的大潮中,国际形势日益错综复杂,科技领域的竞争更是愈演愈烈。一些发达国家凭借其长期积累的技术优势,在科技领域保持着领先地位,并试图通过技术封锁、市场壁垒等手段来维护自身的利益,对发展中国家形成了不小的压力。面对这种严峻的国际形势,自主创新成为我们应对复杂国际环境、保障国家长远发展的战略选择。通过自主创新,我们能够逐步打破对外部技术的过度依赖,降低被"卡脖子"的风险。这不仅有助于提升国家在国际科技舞台上的话语权和影响力,还能让我们在科技合作与谈判中拥有更多的筹码和主动权。同时,自主创新的过程也是培养和锻炼本国科技人才、积累科技经验的过程,为国家的可持续发展奠定坚实的基础。更为重要的是,自主创新能够让我们掌握核心技术,这是提高国家科技实力和国际竞争力的关键所在。掌握核心技术意味着我们能够在关键领域实现自主可控,不再受制于人。这不仅能够保障国家的经济安全、信息安全,还能在激烈的国际竞争中占据有利地位,赢得更多的主动权和话语权。

因此,我们必须坚定不移地走自主创新之路,加大研发投入,优化创新环境,培养更多的科技人才和创新团队。只有这样,我们才能在全球化的浪潮中乘风破浪,不断攀登科技高峰,为国家的繁荣富强和民族的伟大复兴贡献更大的力量。

(四)自主创新是提升国家核心竞争力的必由之路

自主创新无疑是提升国家核心竞争力的核心战略。核心竞争力作为国家在国际舞台上综合实力的直接体现,其强弱直接关系到国家的长远发展与国际地位。而自主创新,正是挖掘这一潜力、提升核心竞争力的关键所在。通过自主创新,我们能够孕育并培育出具有自主知识产权的高新技术产业。这些产业如同国家经济的引擎,驱动着产业结构的优化与升级,为经济的持续增长注入不竭的动力。同时,这些高新技术产业还能够带动相关产业链的发展,形成产业集群效应,进一步提升国家的经济实力。自主创新还是培养创新人才的重要途径。在自主创新的过程中,我们需要大量的科研人才、技术人才和管理人才。这些人才的培养和成长,不仅为国家提供了源源不断的人才保障,更为国家的长远发展奠定了坚实的基础。在国际竞争的舞台上,自主创新更是我们占据领先地位、赢得主动权的法宝。通过自主创新,我们能够掌握核心技术,提高产品的附加值,从而在激烈的国际竞争中占据有利地位。同时,自主创新还能够提升国家的品牌形象和国际影响力,为国家赢得更多的话语权和尊重。更重要的是,自主创新对于国家经济的可持续发展具有深远意义。它能够推动产业的升级和转型,提高经济的质量和效益。同时,自主创新还能够促进资源的合理利用和环境的有效保护,推动经济社会向绿色、低碳、循环的方向发展。这不仅能够实现经济的可持续发展,更能够保障人民的福祉和国家的长远利益。

（五）自主创新是激发全社会创新活力和创造力的源泉

自主创新是激发全社会创新潜能与创造力的核心驱动力。在人类社会发展的长河中，创新始终是推动进步的不竭源泉，而自主创新作为一种积极主动的创新姿态，更是扮演着至关重要的角色。

自主创新能够营造出一种积极向上的创新氛围。政府通过制定和完善相关政策法规，强化知识产权保护，确保创新者的合法权益，从而吸引更多有志之士投身于创新实践，共同推动社会的进步。这种氛围的营造，不仅激发了人们的创新热情，更为创新活动的顺利开展提供了有力保障。

自主创新是培养创新人才的重要途径。通过加强教育和培训，我们可以不断提升人们的创新意识和能力，培养出大批具备创新思维和实践能力的创新人才。这些人才将成为国家发展的中坚力量，为国家的长远发展提供源源不断的人才支持。

自主创新能够带动相关产业的蓬勃发展。通过自主创新，我们可以推动相关产业的升级和转型，提高产业的整体竞争力。这种创新的力量将形成良性循环，促进创新生态系统的不断完善，为经济社会的全面发展注入新的活力。

（六）自主创新是促进经济社会全面协调可持续发展的必然选择

创新驱动发展战略，作为新时代国家发展的核心战略，其强调的自主创新，远非单纯技术层面的革新，而是一场深刻影响经济、社会、文化乃至整个国家发展模式的全面变革。

在经济领域，自主创新是推动产业升级和转型的关键力量。面对全球经济的深刻调整和科技的飞速发展，传统的产业模式已难以满足新时代的需求。自主创新通过引入新技术、新工艺和新管理模式，不仅提升了产品的技术含量和附加值，还促进了新兴产业的崛起，如人工智能、大数据、云计算等，这些新兴产业正逐步成为经济增长的新引擎。

在社会层面，自主创新对于促进社会公平正义、和谐稳定具有重要意义。通过创新社会治理模式，如智慧城市建设、社区治理创新等，可以更有效地解决社会问题，提升公共服务水平，增强人民群众的获得感和幸福感。

同时,自主创新还促进了教育、医疗、养老等领域的改革和发展,为构建和谐社会提供了有力支撑。

在文化方面,自主创新是推动文化繁荣和发展的不竭动力。在全球化背景下,文化的多样性和交流互鉴成为时代潮流。自主创新通过挖掘和传承传统文化精髓,结合现代科技手段,打造具有中国特色的文化品牌和文化产品,不仅提升了国家文化软实力,还促进了文化的国际传播和交流,让世界更加了解中国,也让中国更加自信地走向世界。

在绿色发展方面,自主创新还致力于资源的合理利用和环境的有效保护。在绿色、低碳、循环的发展理念指导下,通过技术创新,如清洁能源技术、节能减排技术等,推动了经济社会的可持续发展。这些创新不仅减少了环境污染和生态破坏,还促进了资源的循环利用和经济的绿色发展,为子孙后代留下了碧水蓝天和可持续发展的美好家园。

三、创新驱动发展战略的目的是驱动发展

新的最终归宿,无疑应深深植根于促进经济社会的全面发展以及显著提升人民群众的生活品质之中。这一核心理念不仅是创新活动的出发点,更是其归宿所在。创新,作为推动社会进步的关键力量,若仅仅停留在理论探讨或技术炫耀的层面,而忽视了其在现实世界中的实际应用价值与社会效益,那么这样的创新就如同无本之木、无源之水,虽一时绚烂,却难以持久,更无法为社会带来真正的福祉。

在实施创新驱动发展战略的宏伟蓝图中,我们必须清晰地认识到,创新不应是孤立存在的,而应与经济社会的整体发展紧密相连,成为推动社会进步和产业升级的强大引擎。这意味着,我们在追求创新的过程中,必须始终紧扣经济社会发展这一中心任务,将创新的目光投向那些能够解决制约当前发展的关键问题,特别是那些关乎民生福祉、产业升级、环境保护等领域的瓶颈问题。只有这样,创新才能真正发挥其应有的作用,成为推动社会全面进步的重要力量。

传统产业作为国民经济的基石,其转型升级对于实现经济结构的优化和整体竞争力的提升至关重要。在这一过程中,科技创新的引领作用不容小觑。通过引入新技术、新工艺和新管理模式,传统产业可以焕发新的生机,实现从低附加值向高附加值的转变,提升产品质量,降低生产成本,增强市场竞争力。例如,制造业中广泛应用的智能化、自动化技术,不仅提高了生产效率,还大幅减少了人为错误,使得传统制造业向智能制造的转型成为可能,为经济的持续增长注入了新的活力。

同时,新兴产业的培育壮大同样离不开科技创新的强力支撑。在信息技术、生物技术、新能源、新材料等前沿领域,科技创新不仅是推动产业诞生的关键,更是决定其能否快速成长并引领未来经济发展方向的核心因素。这些新兴产业往往具有高度的技术密集型和知识密集型特征,它们的快速发展不仅能够带动相关产业链的完善,还能创造大量高质量的就业岗位,为经济社会发展提供新的增长点。例如,新能源产业的发展不仅有助于解决能源短缺和环境污染问题,还促进了能源结构的优化,为实现绿色低碳发展提供了有力支持。

在创新驱动发展战略的实施过程中,我们还需注重解决制约发展的突出问题,如创新能力不足、科研成果转化不畅、创新环境不够优化等。为此,需要构建更加开放包容的创新体系,加强产学研用深度融合,促进科技成果的快速转化应用;同时,加大对基础研究和前沿探索的支持力度,培养更多具有国际视野和创新能力的人才,为持续创新提供不竭的动力源泉。

推动经济发展方式的转变,从传统的要素驱动转向创新驱动,还需要我们深化体制改革,优化创新生态,营造鼓励创新、宽容失败的良好氛围。政府应发挥引导作用,通过制定科学合理的政策,为创新活动提供必要的资金支持和税收优惠,同时加强知识产权保护,激发企业和个人的创新热情。

创新驱动发展战略的实施,不仅关乎国家经济的长远发展和国际竞争力的提升,更直接关系到人民群众生活质量的改善和社会整体福祉的增加。因此,我们必须坚持问题导向,紧扣经济社会发展大局,以科技创新为引领,推动传统产业转型升级与新兴产业培育壮大,走出一条科学、可持续的发展道路,让创新成为推动社会全面进步的不竭动力。

此外,创新驱动发展战略还强调全面创新和全员创新。创新不仅仅是科技人员的"专利",而且是全社会共同的责任和任务。无论是政府、企业还是个人,都应该积极参与到创新活动中来,形成强大的创新合力。政府要营造良好的创新环境和氛围,提供政策支持和制度保障;企业要成为创新的主体,加大研发投入和人才培养力度;个人要树立创新意识,敢于尝试新事物和新方法。只有实现了全面创新和全员创新,我们的国家和民族才能真正焕发出勃勃生机和活力。

第三节　创新驱动发展战略的时代意义

在当今世界,科技创新已经成为推动经济社会发展的核心动力。面对全球竞争日益激烈的形势,我国提出了创新驱动发展战略,将科技创新摆在国家发展全局的核心位置。这一战略不仅体现了我们对科技创新价值的深刻认识,也指明了我们走向未来、实现民族复兴的必由之路。

一、形成国际竞争新优势,增强发展的长期动力

在全球化的浪潮中,国际竞争愈发白热化。各国纷纷将创新作为国家发展战略的核心,以期在全球经济体系中占据一席之地。创新驱动发展,不仅是实现短期经济增长的催化剂,更是推动国家长远发展的强大引擎。

提升产业竞争力是创新驱动发展的关键所在。在全球产业价值链中,高端环节意味着高附加值和强竞争力。我国通过创新驱动,正逐步推动产业向更高层次升级。从"中国制造"向"中国创造"的转变,是我国产业竞争力增强的生动体现。在人工智能、5G通信、生物技术等高科技领域,我国不断取得突破,缩小与发达国家的差距,甚至在某些领域实现领先。这些成果不仅提升了国内产业的竞争力,也为全球产业链的重构贡献了中国力量。

促进新兴产业的崛起是创新驱动发展的另一项重要任务。新兴产业是经济增长的新引擎,为国际竞争注入新活力。我国通过创新驱动,大力培育

和发展新能源、新材料、智能制造等新兴产业。这些产业的快速发展,为我国经济增长提供了新的动力源,也为全球经济转型升级提供了重要支撑。在这个过程中,我国不断优化产业结构,推动经济高质量发展。

优化资源配置是创新驱动发展的内在要求。创新驱动要求我们提高资源利用效率,实现资源的优化配置。通过科技创新,我国传统产业实现了技术改造和升级,提高了生产效率,降低了生产成本。同时,新兴产业的发展也需要大量的资源投入。在创新驱动下,我国实现了资源的合理配置,提高了资源利用效率,为国家发展注入了强大动力。

创新驱动发展还有助于提升国家形象。在国际舞台上,一个国家的创新能力和创新成果是衡量其综合实力的重要标志。我国通过创新驱动发展,展示了国家的创新实力和创新能力,提升了国际形象和影响力。同时,我国积极输出和共享创新成果,促进了国际交流与合作,为全球经济发展做出了贡献。

二、提高经济增长的质量和效益,加快转变经济发展方式

经济发展方式的转变是实现经济持续健康发展的关键所在。在当前全球经济环境下,通过创新驱动发展已成为提高经济增长质量和效益的必然选择。这一转型不仅意味着从量的扩张转向质的提升,而且标志着经济从高速增长阶段转向高质量发展阶段。

推动产业升级是实现经济增长质量和效益提升的重要途径。创新驱动发展,通过技术改造和升级,助力传统产业焕发新的活力。这不仅体现在提高产品的技术含量和附加值上,而且体现在新兴产业的快速崛起上。新兴产业如互联网、大数据、人工智能等,正在成为经济增长的新引擎,为经济发展注入了新的活力。产业升级的过程,也是就业和创业机会增加、居民收入水平提高的过程,这对于促进社会和谐与稳定具有重要意义。

优化经济结构是提高经济增长质量和效益的重要手段。创新驱动发展可以促进服务业与制造业的深度融合,推动绿色低碳产业的发展,实现经济结构的优化升级。这种结构优化不仅有利于提高经济增长的质量和效益,

而且有助于推动经济可持续发展,实现经济社会发展与生态环境保护的和谐统一。

提高资源利用效率是衡量经济增长质量和效益的重要指标。创新驱动发展倡导资源的节约和循环利用,通过技术创新实现资源的精细化管理,减少资源消耗和环境污染。同时,制度创新也在推动资源的优化配置和合理利用,从而提高资源利用效率。这些措施不仅有助于提升经济增长的质量和效益,而且对于促进资源可持续利用、建设资源节约型社会具有深远影响。

增强企业竞争力是提高经济增长质量和效益的关键。企业作为经济增长的微观主体,其竞争力的提升直接关系到经济的整体表现。创新驱动发展通过推动企业的技术创新和制度创新,提高企业的核心竞争力。技术创新可以带来产品升级和产业升级,提高企业的市场占有率和盈利能力;制度创新可以推动企业的管理创新,提高企业的运营效率和创新能力。这些措施不仅有助于企业竞争力的提升,而且为经济的持续增长提供了强劲动力。

三、降低资源能源消耗,改善生态环境

创新驱动发展战略是我国实现经济转型升级、推动高质量发展的重要战略。在当前资源能源约束日益趋紧、生态环境问题日益突出的背景下,创新驱动发展战略在降低资源能源消耗、改善生态环境方面具有深远的意义。

有助于推动能源结构优化,降低能源消耗。随着我国经济的快速发展,能源需求持续增长,传统的能源消费模式已难以满足可持续发展的要求。创新驱动发展战略鼓励企业加大新能源技术研发投入,推动太阳能、风能、生物质能等清洁能源的规模化应用,逐步替代传统能源。这不仅有助于减少对化石能源的依赖,降低能源消耗,还能有效减少温室气体排放,缓解气候变化压力。此外,通过技术创新,可以提高能源利用效率,降低单位产值的能源消耗,实现经济增长与能源消费脱钩。

有助于促进绿色技术创新,减少环境污染。环境污染已成为影响我国

民生福祉的突出问题。创新驱动发展战略鼓励企业研发和应用绿色技术，如污染物减排技术、清洁生产技术、废弃物资源化技术等，从源头上减少污染物的产生。这些技术的推广和应用，可以显著减少工业生产、交通运输等领域对环境的污染，改善空气质量、水质和土壤质量，提高生态环境质量。同时，绿色技术创新还能带动环保产业的发展，形成新的经济增长点。

有助于推动循环经济发展，提高资源利用效率。循环经济是实现资源高效利用和环境保护的重要途径。创新驱动发展战略通过支持循环经济技术研发和产业化，推动企业实施资源回收利用、废弃物资源化等措施，减少资源浪费。例如，通过技术创新，可以实现废旧金属、塑料、电子产品的回收再利用，将废弃物转化为有价值的资源。这不仅降低了资源消耗，还减少了环境污染，实现了经济与环境的双赢。

有助于加强环境监管和治理，提升生态环境管理水平。环境监管和治理是改善生态环境的关键环节。创新驱动发展战略支持环境监测、污染源识别、环境风险评价等领域的技术创新，提高环境监管的精准性和有效性。例如，利用大数据、物联网、人工智能等技术，可以实现环境数据的实时监测和分析，为环境决策提供科学依据。同时，创新驱动发展战略还鼓励企业研发和应用环保治理技术，提高污染治理水平，保障生态环境安全。

有助于培育绿色发展理念，推动生态文明建设。生态文明建设是关系中华民族永续发展的根本大计。创新驱动发展战略通过推广绿色技术、倡导绿色生活方式，引导公众树立绿色发展理念，积极参与生态环境保护。这有助于形成全社会共同推进生态文明建设的良好氛围，实现人与自然和谐共生。

四、增强落后地区发展动力，推进区域协调发展

区域协调发展是实现经济持续健康发展的重要保障。通过创新驱动发展，可以增强落后地区的发展动力，推动区域协调发展，实现经济的均衡发展。

有助于增强落后地区的发展动力。创新驱动发展战略通过加大对落后

地区科技创新的支持力度,为地区经济发展注入了新活力。政策鼓励企业、高校和科研机构联合开展技术攻关,推动科技成果转化为现实生产力。这种内生动力的激发,使落后地区逐步摆脱了对传统资源的依赖,实现了由"输血式"向"造血式"发展的转变。通过创新引领,落后地区能够培育出新的经济增长点,提升自我发展能力,为区域协调发展奠定坚实基础。

有助于促进产业转移和升级。产业转移和升级是推动区域协调发展的重要途径。通过创新驱动发展,可以推动产业的优化布局和协同发展,促进产业转移和升级。例如,通过推动传统产业的技术改造和升级,提高产业的附加值和竞争力;通过推动新兴产业的培育和发展,为区域经济注入新的动力。这些措施不仅可以增强落后地区的发展动力,还可以推动区域经济的协同发展。

有助于加强区域合作与交流。区域合作与交流是推动区域协调发展的重要保障。通过创新驱动发展,可以推动区域间的合作与交流,实现资源的共享和优势互补。例如,通过建立区域合作机制和平台,推动区域间的经济合作和协同发展;通过加强区域间的文化交流与融合,推动文化的传承与创新。这些措施不仅可以增强落后地区的发展动力,还可以推动区域经济的共同发展。

有助于推动基础设施建设。基础设施建设是推动区域协调发展的重要支撑。通过创新驱动发展,可以推动基础设施建设的优化和升级,提高基础设施的支撑能力和服务水平。例如,通过推动交通、能源、通信等基础设施的建设和升级,提高区域间的互联互通和资源共享能力;通过推动智慧城市和数字化建设的发展和应用,提高城市管理和公共服务的智能化水平。这些措施不仅可以增强落后地区的发展动力,还可以推动区域经济的协调发展。

有助于推动人力资源开发。创新驱动发展战略重视人才培养和引进,为落后地区提供了人才保障。政策支持落后地区发展教育事业,提高劳动力素质,同时通过职业培训、人才引进等方式,提升人力资本水平。高素质人才队伍的建设,为落后地区创新发展提供了智力支持。此外,人才流动和人才聚集效应也有利于促进区域间知识、技术的传播和交流,进一步推动区域协调发展。

创新驱动发展在形成国际竞争新优势、提高经济增长的质量和效益、降低资源能源消耗和改善生态环境以及增强落后地区发展动力、推进区域协调发展等方面都具有重要的时代意义。通过创新驱动发展,我们可以推动经济的高质量发展,实现经济的持续健康发展和社会的全面进步。因此,我们应该坚持创新驱动发展战略不动摇,不断加强科技创新、制度创新和文化创新等方面的努力,为实现中华民族伟大复兴贡献智慧和力量。

第四节　创新驱动发展战略的实施要求

实施创新驱动发展战略是推动一个国家或民族向前发展的关键举措。在当前全球科技革命和产业变革的背景下,实施创新驱动发展战略尤为重要。该战略的实施要求从多个方面入手,包括加强科技创新体系建设、培养高素质创新人才、深化科技体制改革和优化创新环境等。

一、加强科技创新体系建设

加强科技创新体系建设是实施创新驱动发展战略的核心内容。这一体系的建设需要从多个角度进行综合考虑和布局。

构建一个协同且高效的创新网络是加强科技创新体系建设的基石。这要求我们拆除传统体制中不同创新主体之间的障碍,促进政府、企业、高等院校、科研院所和中介服务机构之间的紧密合作与资源共享。首先,我们需要打造一个以企业为核心、市场为引领、产学研深度融合的技术创新体系。激励企业增加研发投入,使其成为技术创新决策、研发资金投入、科研活动组织和技术成果转化的主导力量。同时,必须充分利用高等院校和科研院所的科研能力,通过项目合作、共同建立研发平台等方式,实现科技资源的优化配置和科研成果的快速应用。此外,还需强化科技中介服务体系的建设,提高科技成果转化的效率,推动科技成果转化为实际的生产力。

优化创新资源配置是加强科技创新体系建设的关键。在创新驱动发展战略下,要充分利用市场机制配置创新资源,引导资本、人才、技术等创新要素向战略性新兴产业、高新技术产业以及重点领域和关键环节集聚。一方面,要通过深化科技体制改革,破除制约创新资源流动的体制机制障碍,提高创新资源的配置效率和使用效益。另一方面,要加大对基础研究和前沿技术研究的投入,夯实科技创新的根基。通过设立国家自然科学基金、重点研发计划等,支持科研机构和企业开展自由探索和目标导向的基础研究,提升原始创新能力。同时,还要加强对青年科技人才的培养和支持,激发创新活力,培养具有国际视野的科技创新领军人才。

完善创新政策支持体系是加强科技创新体系建设的重要保障。政府应制定和完善一系列鼓励创新的政策措施,包括税收优惠、财政补贴、金融支持、知识产权保护等,营造良好的创新环境。税收优惠方面,可以通过降低企业研发成本、提高研发投入的税前加计扣除比例等措施,鼓励企业增加研发投入。金融支持方面,可以设立科技创新投资基金,引导社会资本投入科技创新领域,支持科技成果转化和产业化。知识产权保护方面,要建立健全知识产权保护体系,加大对知识产权侵权行为的打击力度,保护创新主体的合法权益。此外,还要加强科技创新政策的宣传和培训,提高政策的知晓度和执行力。

强化国际合作与交流是加强科技创新体系建设的重要途径。在全球化背景下,科技创新已成为国际竞争的核心要素。我国应积极参与国际科技合作与交流,借鉴国际先进经验和技术,提升自主创新能力。一方面,要加强与国际知名科研机构、高校和企业的合作,共同开展前沿技术研究、重大科技项目攻关和人才培养。另一方面,要积极参与国际科技组织和多边科技合作机制,提升我国在国际科技合作中的话语权和影响力。同时,还要鼓励我国科学家发起和组织国际科技合作计划,支持企业和科研机构到海外建立研发机构,吸引全球科技人才来华创新创业。通过国际合作与交流,可以拓宽科技创新的视野和思路,提升国家科技创新能力,推动科技创新成果的国际化应用和推广。

二、培养高素质创新人才

在创新驱动发展战略的宏大框架下,培养高素质创新人才不仅是实现科技创新的关键,也是推动经济社会高质量发展的核心动力。高素质创新人才不仅是新技术的研发者,更是新思想的孕育者、新产业的开拓者,对于提升国家整体科技实力、促进经济结构优化升级具有不可估量的价值。

(一)构建全面系统的教育培养体系

教育是培养高素质创新人才的基础。构建全面系统的教育培养体系,关键在于深化教育改革,优化教育资源配置,强化基础教育与高等教育的衔接,以及理论与实践相结合。

基础教育阶段应注重学生创新思维和批判性思维的培养。通过引入STEM(科学、技术、工程和数学)教育、项目式学习、探究式学习等教学模式,激发学生对科学的兴趣和好奇心,培养其解决问题的能力和团队合作精神。同时,加强人文素养教育,提升学生的综合素质,为学生成为复合型人才打下坚实基础。

高等教育阶段,则需深化产教融合,推动高等教育与产业需求紧密结合。一方面,高校应调整专业设置,增设新兴学科和交叉学科,如人工智能、大数据、生物技术等,以适应未来科技发展趋势;另一方面,加强与企业的合作,通过联合培养、实习实训、产学研合作等方式,为学生提供更多实践机会,缩短理论与实践的距离,培养既有深厚理论功底又具备实战能力的创新人才。

(二)搭建多样化的创新实践平台

创新实践是检验和提升创新能力的重要途径。政府、企业、高校及科研机构应共同搭建多样化的创新实践平台,为学生提供广阔的实践舞台。一方面,政府应加大对创新创业孵化器的支持力度,建设一批国家级、省级创新创业示范基地,为初创企业和创新团队提供场地、资金、咨询等全方位服务。同时,举办各类创新创业大赛,激发学生的创新热情,挖掘潜力项目,促进科技成果转化应用。另一方面,企业应成为创新实践的主体,通过建立企业内部研发中心、开放实验室、创新工作室等,吸引学生参与企业项目研发,实现产学研深度融合。此外,鼓励企业设立"高校实习生计划""青年科学家计划",为青年人才提供实践锻炼和职业发展机会。

(三)构建科学合理的激励机制

合理的激励机制是激发创新活力、留住创新人才的关键。在创新驱动发展战略下,应构建包括物质激励和精神激励在内的多元化激励机制。在物质激励方面,除了提高科研人员的薪资待遇外,还应设立科研成果转化奖励、创新项目资助、风险投资引导基金等,对取得重大创新成果的个人或团队给予丰厚奖励,鼓励更多人才投身于科技创新事业。在精神激励方面,应建立健全科技人才荣誉制度,如设立"国家科技奖""青年科技英才奖"等,表彰在科技创新领域做出突出贡献的个人和团队,增强他们的社会认同感和职业荣誉感。同时,营造开放包容的创新文化,鼓励自由探索和勇于尝试,为创新人才提供宽松的工作环境和良好的社会氛围。

(四)加强国际合作与交流

在全球化的今天,培养具有国际视野的创新人才尤为重要。通过加强国际合作与交流,不仅可以引进海外优质教育资源,提升国内教育质量,还能促进创新成果的国际化应用,提升国家科技竞争力。政府应积极推动与国际知名高校、科研机构的合作,建立联合研究中心、联合实验室,开展国际合作项目,为学生提供海外学习、交流和科研合作的机会。同时,鼓励和支持国内学者参与国际学术会议、发表论文、申请专利,提升我国在国际科技界的影响力和话语权。在企业层面,应鼓励跨国技术合作和人才引进,通过设立海外研发中心、并购海外高科技企业等方式,吸收国际先进技术和管理经验,培养具有国际视野和跨文化沟通能力的高层次创新人才。

三、深化科技体制改革

创新驱动发展战略是国家发展的重要引擎,而深化科技体制改革则是这一战略实施的核心环节。科技体制改革旨在通过系统性、全局性的变革,为科技创新提供良好的制度环境和动力源泉。

创新驱动发展背景下高职院校产教融合实施途径研究

科技创新资源的高效配置是深化科技体制改革的首要任务。传统的科技资源配置方式往往存在分散、重复、低效等问题,无法满足创新驱动发展战略对高质量科技供给的需求。因此,必须从根本上改革资源配置机制,推动科技创新资源的优化整合和高效利用。首先,加强顶层设计,明确科技创新资源的配置目标和原则。以国家战略需求为导向,优化科技创新资源在不同领域、不同主体之间的分配,确保资源能够向国家重大科技项目、战略性新兴产业、关键核心技术等领域倾斜。同时,建立科学的资源配置评估机制,定期对资源配置效果进行评估和反馈,及时调整和优化资源配置策略。其次,要推动科技创新资源的开放共享。打破部门、地区、行业之间的壁垒,推动科技创新资源在更大范围内的开放和共享。通过建立科技创新资源共享平台,实现科研设施、大型仪器、科技文献、科技数据等资源的共享共用,提高资源利用效率,降低科研成本。最后,加大科技创新资源的投入和管理。政府应加大对科技创新的投入力度,同时引导社会资本向科技创新领域倾斜。在资金投入上,要注重提高资金使用效益,避免资金浪费和重复投入。在科技项目管理上,要引入竞争机制,实行项目化管理,确保科研项目的质量和进度。

科技管理和评价体系的完善是深化科技体制改革的重要内容。传统的科技管理和评价体系往往存在过于注重论文数量、职称晋升等短期目标的问题,忽视了科技创新的长期效应和社会价值。因此,必须改革科技管理和评价体系,推动科技创新的可持续发展。首先,建立科学的科技管理和评价制度。明确科技创新的目标和定位,建立以科技创新质量、贡献和效益为导向的评价体系。在科技项目管理上,要注重项目的可行性和创新性,实行项目全链条管理,确保科研项目顺利实施和科技成果有效转化。在科技人才评价上,要注重人才的创新能力和实践经验,建立以创新能力和实际贡献为主要依据的人才评价机制。其次,要加强科技管理和评价的监督与反馈。建立科技管理和评价的监督机制,对科技项目实施和科技成果转化进行定期检查和评估。同时,建立科技管理和评价的反馈机制,及时收集和分析科技项目、科技成果和科技人才的反馈意见,不断完善科技管理和评价体系。

再次,还要加强科技诚信体系建设。建立科技诚信记录和查询制度,对科研不端行为进行严厉打击和惩处。同时,加强科技人员的职业道德教育和培训,增强科技人员的诚信意识和责任意识。

产学研深度融合是深化科技体制改革的重要方向。产学研合作是推动科技创新、促进科技成果转化的重要途径。然而,传统的产学研合作模式往往存在合作不紧密、成果转化率不高等问题。因此,必须改革产学研合作模式,推动产学研深度融合。首先,建立产学研合作的长效机制。政府应加大对产学研合作的政策支持力度,鼓励企业、高校和科研机构开展长期稳定的合作。通过建立产学研合作平台,推动科技创新资源的共享和整合,促进科技创新与产业发展的深度融合。其次,要推动产学研合作的创新发展。鼓励企业、高校和科研机构开展联合攻关,共同承担国家重大科技项目,推动关键核心技术突破和科技成果转化。同时,推动产学研合作向更高层次、更广领域拓展,加强国际合作与交流,提高我国在全球科技竞争中的地位和影响力。最后,还要加强产学研合作的人才培养。通过建立产学研合作的人才培养机制,推动人才培养与科技创新的紧密结合。鼓励企业、高校和科研机构共同开展人才培养和引进工作,为科技创新提供源源不断的人才支持。

四、优化创新环境

创新驱动发展战略是国家发展的核心战略,其成功实施离不开一个良好的创新环境。优化创新环境不仅是提升国家创新能力的关键,也是激发全社会创新活力的基础。

完善政策法规是优化创新环境的制度基石。政府应出台一系列旨在鼓励创新、支持创新、保护创新的政策法规,为创新主体提供强有力的制度保障。首先,完善知识产权保护制度。知识产权保护是创新活动的重要保障,政府应建立健全知识产权保护体系,加大对侵权行为的打击力度,提高侵权成本,保护创新主体的合法权益。同时,推动知识产权的转化运用,促进科技成果的商业化、产业化。其次,政策应出台税收优惠和资金扶持政策。政府可以针对创新型企业、科研机构等给予税收减免、研发费用加计扣除等优

创新驱动发展背景下高职院校产教融合实施途径研究

惠政策,降低其创新成本。再次,政府设立创新创业基金,推动知识产权的转化运用,促进科技成果的商业化、产业化,支持重大科技项目、新兴产业和初创企业的发展。最后,加强创新政策的落地实施。政府应建立健全创新政策的执行机制,确保政策的有效实施。同时,加强对创新政策的宣传和推广,提高公众对创新政策的认知度和认同感,营造有利于创新的政策环境。

创新人才是创新活动的核心要素,优化创新环境必须注重创新人才的培养与引进。首先,应加强创新教育。政府应加大对教育的投入,提升教育质量,培养具有创新精神和实践能力的高素质人才。通过开设创新教育课程、开展科技创新活动等方式,激发学生的创新思维和实践能力,为未来的创新发展奠定坚实的基础。其次,应完善创新人才引进机制。政府应制定吸引海外高层次人才的政策,如提供优厚的待遇、良好的工作环境和广阔的发展空间,吸引海外优秀人才回国创新创业。同时,加强与国际知名高校、科研机构的合作与交流,引进国际先进的创新理念和技术,提升国内创新水平。最后,还应加强对创新人才的激励和保障。政府应设立创新奖励机制,对在创新活动中取得突出成果的个人和团队给予表彰和奖励。同时,建立健全创新人才的社会保障体系,解决其后顾之忧,让其全身心投入到创新活动中。

创新基础设施是优化创新环境的重要保障。政府应加大对创新基础设施的投入和建设力度,提升创新活动的支撑能力。建设创新基础设施应从"科研设施""创新服务平台"和"信息化基础设施"入手。在科研设施建设方面,政府应加大对科研设施的投入力度,建设一批高水平的科研设施,如实验室、研发中心等,为创新主体提供先进的科研条件和设备支持。在创新服务平台建设方面,政府应推动建设一批创新服务平台,如技术转移中心、创业孵化器等,为创新主体提供技术转移、成果转化、创业孵化等全方位的服务支持。在信息化基础设施建设方面,政府应推动信息化技术在创新领域的应用和推广,建设一批信息化基础设施,如云计算中心、大数据平台等,为创新主体提供高效的信息处理和数据分析支持。

创新文化是优化创新环境的精神支撑。政府应大力培育创新文化,营造有利于创新的文化氛围。首先,弘扬创新精神。政府应加强对创新精神的宣传和推广,通过举办创新大赛、创新论坛等活动,激发全社会的创新热情,提升公众的创新意识。其次,培养青少年的创新思维和实践能力。政府应加强对青少年的创新教育,通过开设创新教育课程、开展科技创新活动等方式,培养青少年的创新思维和实践能力,为未来的创新发展培养后备力量。最后,加强对创新文化的研究和推广。政府应加强对创新文化的研究和探索,总结创新文化的特点和规律,推动创新文化的深入发展。同时,加强对创新文化的宣传和推广,提高公众对创新文化的认知度和认同感,营造有利于创新的文化氛围。

创新驱动发展战略的实施要求与创新生态紧密相连,构成一个系统的创新生态。加强科技创新体系建设是基石,为创新提供坚实的硬件和软件支撑。培养高素质创新人才是核心,人才是创新的源泉和动力。深化科技体制改革是保障,通过改革破除体制机制障碍,释放创新潜能;优化创新环境则是土壤,营造开放包容、鼓励探索的良好氛围,激发全社会的创新活力。这四个方面相互依存、相互促进,共同推动创新驱动发展战略的深入实施。只有加强科技创新体系建设,才能为人才培养提供更好的平台;只有培养高素质创新人才,才能为体制改革提供智力支持;只有深化体制改革,才能为创新环境的优化创造条件;而优化创新环境,又能反过来激发科技创新和人才培养的活力。

第二章　创新驱动发展背景下高职院校的时代责任

在新时代背景下,创新驱动发展成为国家战略,为我国经济社会发展注入了强大动力。作为培养高素质技术技能人才的重要基地,高职院校在这一伟大历史进程中肩负着不可替代的时代责任。面对全球产业变革和技术创新的浪潮,高职院校必须立足国家战略,紧密围绕区域经济发展,深化教育教学改革,全面提升人才培养质量,为我国创新驱动发展贡献智慧和力量。创新驱动发展为高职院校提供了前所未有的发展机遇。在国家大力支持职业教育的前提下,高职院校应紧密围绕产业结构调整和转型升级,优化专业设置,提升教育教学质量,为企业培养急需的高素质技术技能人才。同时,高职院校还需加强与行业企业的合作,推动产学研一体化,促进科技成果转化,为区域经济发展提供技术支持。面对新时代的挑战,高职院校需要勇于担当、主动作为。在经济全球化、科技创新日新月异的背景下,高职院校既要应对人才培养模式的变革,又要适应产业发展对人才需求的新特点,深化教育教学改革,创新人才培养模式,提高人才培养质量,为我国经济社会发展提供有力的人才保障。

第一节　高职院校的人才培养责任

创新驱动发展战略已成为国家发展的重要引擎,面对新一轮科技革命和产业变革,高职院校作为高素质技术技能人才培养的重要基地,肩负着培养适应时代发展需求的人才的重要责任。在此背景下,探讨高职院校在创新驱动发展中的人才培养责任,对于推动我国经济社会持续健康发展具

第二章　创新驱动发展背景下高职院校的时代责任

有重要意义。高职院校作为人才培养的重要阵地,必须紧跟时代步伐,深化教育教学改革,创新人才培养模式,为我国创新驱动发展提供有力的人才支撑。

一、高职院校对人才培养的直接责任

(一)传授专业知识和技能

高职院校的首要责任是为学生提供系统的专业知识和技能教育。这包括根据市场需求和行业发展趋势,科学设置专业,制定合理的教学计划,以及组织优秀的师资力量进行授课。在教学过程中,高职院校应注重理论与实践相结合,通过实验、实训、实习等环节,使学生能够将所学知识应用于实际工作中,为未来的职业发展打下坚实的基础。

科学设置专业是高职院校传授专业知识和技能的基础。专业设置的过程必须深度契合国家宏观发展战略、地域经济特色以及产业结构的转型升级需求,展现出对未来市场需求变化的敏锐洞察力与前瞻性预判,从而能够及时且有效地调整并优化自身的专业结构体系。这一目标的实现,要求高职院校必须持续性地开展广泛而深入的市场调研,积极与行业企业建立稳固的合作关系,通过校企合作、产教融合等多种模式,确保专业设置的先进性与实用性。此外,高职院校亦需高度重视跨学科、交叉专业的建设与发展,致力于培养出拥有多元化知识结构与卓越创新能力的复合型人才,以更好地适应快速变化的社会经济发展需求,进一步提升高等职业教育的整体质量与水平。

制定合理的教学计划是高职院校传授专业知识和技能的关键。教学计划的设计需紧密围绕专业特色,清晰界定培养目标,并合理调配理论教学与实践教学的比重,确保教育内容与行业发展动态保持高度同步。在制定过程中,高职院校应积极引入行业专家及企业技术骨干的智慧,通过他们的深度参与,增强课程体系的实用性与前沿性。此外,教学计划应具备必要的灵活性,以便根据行业趋势和技术革新的最新进展,适时进行动态调整,从而确保教学内容既具有时效性,又高度贴合实际需求,为培养适应未来社会发

创新驱动发展背景下高职院校产教融合实施途径研究

展的高素质技能型人才奠定坚实基础。

组织优秀的师资力量是高职院校传授专业知识和技能的保障。教师作为教学活动的核心主体,其整体素质对于教学质量具有决定性影响。高职院校应将师资队伍建设置于战略高度,通过引进高端人才、内部培养及专业培训等多种渠道,全面提升教师的专业素养与教学能力。尤其需加大对"双师型"教师的培育力度,使之成为既具备扎实理论基础,又拥有丰富实践经验的教师。应大力倡导教师深入企业一线实践,紧密跟踪并掌握行业前沿技术,将宝贵的实际工作经验融入日常教学之中,从而显著增强教学的实践导向与应用价值,为培养与社会需求高度契合的高素质技能型人才奠定坚实基础。

注重理论与实践相结合是高职院校传授专业知识和技能的核心环节。通过实验、实训及实习等系列实践环节,高职院校能够有效促进学生的理论知识向实际操作能力的转化。在实验环节,应着重培养学生的基础实验技能与科学素养,借助设计性、综合性实验项目,不仅锻炼学生的动手能力,还激发他们的创新思维与问题解决能力。实训环节则致力于模拟真实的工作环境,让学生在模拟的职业场景中实践专业技能,同时培养职业素养,为日后步入职场打下坚实基础。实习环节更是学生将所学应用于实践的关键步骤,通过在企业的实地实习,学生得以深入体验企业文化,熟悉岗位工作流程,从而在解决实际问题的过程中,进一步提升自身的综合能力,为未来职业生涯的顺利开启做好充分准备。

此外,高职院校在传授专业知识和技能的同时,还应注重培养学生的自主学习能力、团队协作能力和终身学习能力。这些能力是学生在未来职业发展中不断适应新技术、新业态、新模式的基石。高职院校可以通过项目式学习、翻转课堂、线上线下混合教学等模式,激发学生的学习兴趣,培养学生的自主学习能力和批判性思维。

（二）培养学生的实践能力和创新精神

在创新驱动发展的时代背景下,高职院校作为培养高素质技术技能人才的重要基地,肩负着培养学生实践能力和创新精神的重要使命。随着科

第二章 创新驱动发展背景下高职院校的时代责任

技进步和产业升级的加速,市场对人才的需求结构发生了深刻变化,具有实践能力和创新精神的人才日益成为企业争相追逐的对象。实践能力和创新精神已逐步成为学生未来职业发展的核心竞争力。因此,高职院校应当采取多种措施,多管齐下,着重培养学生的实践能力和创新精神。

1. 合理设置实践课程

合理设置实践课程,不仅是培养学生实践能力的基础性环节,也是实现高职教育与行业需求无缝对接的关键所在。高职院校在构建课程体系时,必须紧密围绕行业发展趋势与人才培养目标,进行科学规划与优化。具体而言,这要求高职院校深入分析行业对人才技能的实际需求,动态调整课程设置,显著提升实践课程的比重,确保理论知识与实践操作能够相互支撑、深度融合。实践课程的设计需强调情景模拟与任务导向,通过引入项目驱动教学法和案例教学,使学生在接近真实工作场景的模拟环境中,不仅掌握专业技能,还能在实践中锻炼问题解决能力和创新思维。此外,实践课程亦需融入职业素养的培养,如强化团队合作、沟通协调、时间管理和项目管理等软技能,为学生未来的职场生涯奠定坚实基础。

2. 系统构建资源共享平台

构建资源共享平台,对于拓宽学生的实践视野、激发其创新精神具有不可替代的作用。高职院校应积极整合校内外各类资源,包括图书馆资源、在线数据库、实验实训设备以及行业专家的智力支持,打造一个开放、互动、高效的学习生态系统。这一平台不仅能够为学生提供丰富的文献资料和前沿技术信息,助力其开展实践活动和创新项目,还能够通过与企业、科研机构的合作,引入更多实践机会和项目案例,使学生在实践中接触并应用最新科技成果。同时,资源共享平台还应成为促进学术交流和技术创新的桥梁,通过定期举办研讨会、工作坊等活动,促进师生与行业专家的深入交流,激发学生的创新思维,提升其解决实际问题的能力。

3. 定期举办创新比赛与科技论坛

定期组织创新比赛和科技论坛,是高职院校培养学生创新意识、提升创新能力的有效途径。这些活动不仅为学生提供了展示自我、交流思想的舞台,更是他们学习先进理念、借鉴成功经验、激发创新灵感的宝贵机会。通过创新比赛,学生可以亲身体验从创意提出到项目实施的全过程,锻炼项目管理、团队协作和市场调研等多方面能力。而科技论坛则通过邀请行业专家、学者进行专题讲座和圆桌讨论,帮助学生把握科技发展趋势,拓宽学术视野,同时促进不同学科间的交叉融合,为创新提供更为广阔的土壤。此外,这些活动还有助于培养学生的竞争意识和团队合作精神,为未来的职场竞争增添砝码。

4.有效实施教育教学改革

教学方法的改革,是提升教学质量、培养学生创新能力的关键一环。高职院校应积极探索启发式、探究式、讨论式等现代教学方法,鼓励学生主动参与、积极思考,培养其批判性思维和解决问题的能力。教师应转变为学生学习过程的引导者和协助者,通过设计开放性问题、组织小组讨论、引导案例分析等策略,激发学生的探索欲望和创造潜能。同时,建立有效的创新激励机制,对在创新竞赛、科研项目、创业实践中表现突出的学生给予物质和精神上的双重奖励,营造一种鼓励创新、容忍失败的校园文化氛围。这不仅能够有效激发学生的创新热情,还能吸引更多学生投身于创新实践,形成良性循环。

5.深度融合创新实践与创业教育

将创业教育融入高职人才培养的全过程,是培养具有创新精神和社会责任感的创业型人才的重要举措。高职院校应通过开设系统的创业课程,涵盖创业理论、市场分析、财务管理、法律知识等内容,为学生提供全面的创业知识准备。同时,建立创业孵化基地,提供办公空间、创业指导、融资对接等一站式服务,帮助学生将创业想法转化为实际行动。此外,通过举办创业讲座、创业大赛等活动,邀请成功创业者分享经验,增强学生的创业信心和实践能力。创业教育不仅关注学生的商业技能培养,更重视其创新精神、社会责任感以及面对挑战时的坚韧不拔,旨在培养出既具备专业技能又富有创新精神的未来领导者。

6.深入推进产学研合作

深化与行业企业的合作,通过产学研一体化模式,是提升高职教育实践教学质量、增强学生实践与创新能力的有效途径。高职院校应主动与企业建立长期稳定的合作关系,共同开发课程、建设实训基地、开展科研项目,使学生在真实的工作环境中学习,直接参与企业的技术研发和产品创新。这种合作模式不仅为学生提供了宝贵的实践机会,促进了理论知识与实践技能的深度融合,还为企业带来了新鲜血液和创新动力,实现了教育与产业的双赢。通过产学研合作,学生能够在解决实际问题的过程中不断磨炼自己,提升实践能力和创新精神,为未来的职业生涯奠定坚实的基础。

(三)塑造学生的职业道德

在创新驱动发展的时代背景下,高职院校作为高素质技术技能人才培养的重要基地,肩负着培养学生职业道德的重要责任。职业道德不仅是学生未来职业生涯的基石,也是社会文明进步的体现。因此,高职院校在人才培养过程中,不仅要关注学生的专业知识和技能培养,还要注重学生的职业道德教育,这是培养学生全面发展的必然要求。

高职院校应开设职业道德相关课程。此类课程应全面而系统地阐述职业道德的基本原则、具体规范及实践要求,旨在为学生构建一个坚实的职业道德理论框架。在教学过程中,教师可灵活运用案例分析、角色扮演、情景模拟等多元化教学方法,以深化学生对职业道德内涵及价值的认知与理解。此外,课程内容需紧跟时代发展步伐,紧密结合各行业特点及社会需求,注重时效性与实用性。通过此类课程的开设,可有效引导学生树立诚信、责任、公平、敬业等正确的职业道德观念,为其未来职业生涯奠定坚实的道德基础,进而促进社会整体的职业道德水平提升。

职业道德教育在高职院校中的实施,不应局限于专门的职业道德课程,而应贯穿于各类专业课程的教学之中,实现职业道德教育与专业教育的有机融合。教师们在进行专业知识传授的同时,应当敏锐地捕捉并适时引入职业道德元素,使学生在掌握专业技能的同时,深刻领悟职业道德在其未来职业生涯中的不可替代性。例如,在工程技术类课程中,教师应着重强调工程伦理的重要性,以及安全生产对职业道德的深远影响;而在管理类课程中,则可围绕诚信经营、企业社会责任等议题展开讨论,引导学生树立正确的价值观与职业道德观。通过此类教学方法,可使学生形成全面的职业道德认知,为其职业生涯的长远发展奠定坚实的基础。

在学生职业道德培养体系中,强化实践教学环节中的价值观引导具有重要地位。通过实习实训等实践教学活动,学生得以在真实或高度模拟的工作环境中,亲身体验并深刻感悟职业道德的重要性。在实践教学过程中,教师应当与行业导师紧密合作,共同担负起引导学生严格遵守职业规范的重任,致力于培养学生的职业责任感和使命感。通过参与实践活动,学生不仅能够获得宝贵的职业技能,更能在亲身体验中深刻理解职业道德对于个人职业生涯发展的重要性,以及其对于推动社会整体进步的不可或缺的价值。这种将理论与实践相结合的教学模式,有助于学生在未来的职业生涯中更好地践行职业道德,成为具有高度职业素养的社会栋梁。

校园文化建设是塑造学生职业道德的重要途径。高职院校应通过校园广播、宣传栏、网络平台等多种渠道宣传职业道德典范,传播正能量。同时,可以通过举办主题教育活动、道德讲堂、优秀校友报告会等形式,让学生在参与中受到职业道德的熏陶,从而在潜移默化中形成正确的价值观和职业道德观念。社团活动也是培养学生职业道德的有效载体。高职院校应鼓励学生参与各类社团活动,通过志愿服务、社会实践、公益活动等,培养学生的社会责任感和团队协作精神。在社团活动中,学生能够将职业道德理念转化为实际行动,从而加深对职业道德的理解和认同。同时,师德师风建设对于学生职业道德的塑造具有示范和引领作用。高职院校应加强教师职业道德教育,提高教师自身的道德修养,以教师良好的师德师风影响和感染学生。

高职院校还应加强与行业企业的合作,共同推进职业道德教育。通过与企业的合作,高职院校可以更好地了解行业企业对职业道德的具体要求,从而有针对性地进行教育教学改革。企业可以参与到学校职业道德教育的各个环节,如提供实习实训机会、参与课程开发、担任兼职教师等,共同培养符合行业需求的高素质技术技能人才。

二、高职院校对人才培养的间接责任

(一)调整优化课程体系

在创新驱动发展的时代背景下,高职院校作为培养高素质技术技能型人才的重要基地,承担着推动社会进步和经济发展的重要使命。培养出适应社会发展需求的高素质技术技能型人才是高职院校的主要社会职责,而履行这一职责的重要前提就是构建科学合理的课程体系。课程体系是高职院校教育教学活动的核心,直接关系到人才培养的质量和效果。为确保课程体系的科学合理,高职院校必须对课程体系进行不断地调整优化,以适应快速变化的社会和经济环境。

高职院校在调整优化课程体系时,要紧密对接产业需求,注重学生职业技能和创新能力的培养。这意味着课程设置必须与行业发展趋势和企业实际需求相结合,以就业为导向,以能力为本位。高职院校应当通过深入的市场调研和行业分析,了解未来产业发展对人才技能和素质的要求,进而调整专业结构和课程内容,确保人才培养与市场需求的无缝对接。例如,针对新兴产业发展需求,可以增设大数据、人工智能、绿色能源等前沿专业课程,同时强化学生的创新思维训练,鼓励学生参与科研项目和技术创新活动,提升学生的创新能力和创业精神。

平衡理论与实践是课程体系调整优化的关键。高职院校应当认识到,理论知识是实践操作的基础,而实践操作是理论知识的应用和检验。因此,课程体系应当既包含必要的理论课程,又包含充足的实践环节。理论课程应注重基础性和系统性,帮助学生建立完整的知识框架;实践环节则应注重应用性和实战性,通过实验、实训、实习等途径,让学生在实际操作中掌握职业技能,提高解决实际问题的能力。此外,高职院校还应积极探索理论与实践相结合的教学模式,如项目驱动教学、案例教学等,以促进学生知识、技能和素养的全面发展。

加强课程内容的更新和优化,及时引入行业前沿技术和知识,是保持教学内容先进性和时效性的必要条件。随着科技的快速发展,新知识、新技术、新工艺不断涌现,高职院校的课程内容必须紧跟时代步伐,不断进行更新。这要求高职院校建立健全课程内容更新机制,定期对课程内容进行审查和修订,淘汰过时的知识和技能,引入最新的科技成果和行业标准。同时,高职院校还应加强与企业的合作,邀请行业专家参与课程开发,确保课程内容的前瞻性和实用性。

高职院校在调整优化课程体系时,还应注意以下三个方面:一是要注重学生综合素质的培养,除了专业技能之外,还应加强思想政治教育、人文素养教育、心理健康教育等,以培养学生的社会责任感、团队协作能力和终身学习能力;二是要充分利用现代信息技术,推动课程信息化建设,通过在线课程、混合式教学等手段,提高教学效率和效果;三是要建立健全课程评价体系,对课程实施效果进行持续跟踪和评估,及时发现问题并加以改进。

(二)加强师资队伍建设

在创新驱动发展的时代背景下,高职院校作为培养高素质技术技能人才的重要基地,其教育教学质量直接关系到人才培养的成效。而教师队伍作为实现人才培养目标的关键因素,其素质和能力的高低对高职院校的整体教育水平有着决定性的影响。因此,加强师资队伍建设对于高职院校提升人才培养质量具有重要意义。以下三个方面是高职院校加强师资队伍建设的主要途径。

一是引进优秀人才。引进优秀人才是提升教师队伍整体水平的重要手段。高职院校要加大引进优秀人才的力度,制定具有吸引力的人才引进政策,积极引进具有丰富实践经验和行业背景的专业人才,以及具有高学历、高职称的理论研究人才。这些人才的加入,不仅可以充实教师队伍,还能带来先进的教育理念和行业前沿的技术知识,提升教师队伍的整体素质。同时,高职院校还应注重引进人才的多样性,既要引进科研能力强的人才,也要引进具有企业工作经验的实践型人才,以此促进教师队伍结构的优化。

二是加强业务培训。加强师资业务培训是提高教师综合素质和教学能力的关键环节。高职院校应通过校本培训、脱产培训、学历进修等多种形式,为教师提供持续的学习和提升机会。校本培训可以针对教育教学中的实际问题进行,如教学方法、课程设计、学生评价等;脱产培训则可以让教师暂时脱离教学工作,集中精力进行系统的学习和研究;学历进修则鼓励教师提升自己的学历层次,增强理论功底。特别是加强"双师型"教师队伍的建设,使教师既具备理论教学的素质,又具备实践操作的能力,能够更好地指导学生将理论知识应用于实践。

三是建立激励机制。建立激励机制是激发教师工作积极性、提高工作效率的有效措施。高职院校应建立有效的教师绩效考核评价体系,将考核结果与工资待遇、评先评优、岗位聘任等挂钩,形成激励竞争机制。这样的机制能够使教师在教育教学、科研创新、社会服务等方面充分发挥潜能,增强教师的工作责任心和提高工作积极性。同时,高职院校还应为教师提供职业发展的路径,如设立教学科研带头人、青年骨干教师培养计划等,为教师的职业成长提供平台。

(三)深化校企合作

在创新驱动发展的时代背景下,高职院校作为培养高素质技术技能人才的重要基地,其教育教学活动必须紧密对接产业需求,而校企合作无疑是实现这一目标的重要途径。通过深化校企合作,高职院校不仅能够为学生提供更多的实践机会和就业渠道,还能够有效提升人才培养的针对性和实用性,从而更好地服务于区域经济社会的发展。

在探讨高职院校深化校企合作的路径时,我们首先应关注的是如何构建稳定且富有成效的合作关系。这一关系的建立,绝非仅通过签署一份合作协议所能达成,而是需要双方共同努力,形成一种基于互信与互利的长效合作机制。此机制的核心在于,高职院校与企业能够就人才培养的目标与方向达成共识,确保教育内容与市场需求的高度契合。为此,双方需共同参与人才培养方案的制定,确保教育资源的有效配置与利用。在此基础上,共同开发课程成为关键一环,通过将企业的实际案例、技术标准及管理流程等融入教学内容,不仅丰富了课程的实践性,也极大地提升了教学内容的时效性和针对性,使学生能够在学习过程中更直观地理解并掌握职业所需的知识与技能。

其次,高职院校与企业合作搭建实践教学平台,共同开发实习实训基地,是深化校企合作的重要举措。这些平台和基地为学生提供了宝贵的实践机会,使他们能够在真实的职业环境中锻炼技能、提升能力,从而有效缩短从校园到职场的适应期。企业通过提供实习实训岗位,不仅参与了学生实践能力的培养,也为自身储备了潜在的人才资源。学校则根据企业的实际需求,调整人才培养策略,实现了人才培养与市场需求的无缝对接。这种合作模式不仅促进了学生职业技能的提升,还加深了学生对企业文化的理解,为他们未来的职业发展奠定了坚实的基础。

最后,高职院校与用工企业之间的沟通与交流同样不可忽视。这种沟通应当是双向且持续的,旨在建立一种基于共同目标的合作关系。一方面,高职院校应主动倾听企业的需求和反馈,及时调整人才培养方案,优化课程设置,确保教育内容与市场需求的高度契合。这要求学校具备敏锐的市场洞察力,能够准确捕捉行业发展趋势,为人才培养提供前瞻性的指导。另一方面,学校也应积极向企业展示自己的办学理念、教育成果和人才培养特色,增强企业对学校人才培养的认同感和合作意愿。通过定期的交流会议、座谈会等形式,校企双方可以就人才培养过程中的问题进行深入探讨,共同寻找解决方案,不断提升人才培养的质量。

(四)完善学生评价体系

完善学生评价体系是实现人才培养目标的重要保障,它不仅能够客观、公正地反映学生的学业水平和综合素质,还能够激励学生全面发展,引导教育者改进教育教学方法。因此,高职院校需要建立科学、全面、多元的学生评价体系,以适应新时代人才培养的要求。

首先,要注重过程性评价,这是学生评价体系的重要组成部分。过程性评价关注学生的学习过程和学习态度,它能够实时监测学生的学习进展,及时发现和解决学习中遇到的问题。高职院校可以通过课堂表现、作业完成情况、实践报告、学习日记等多种形式进行过程性评价。这种评价方式不仅能够促使学生养成良好的学习习惯,还能够激发学生的学习兴趣和动力。

教师在教学过程中应注重记录和分析学生的表现,给予及时的反馈和指导,帮助学生改进学习方法,提高学习效率。

其次,要注重结果性评价,这是对学生学习成果的最终检验。结果性评价在高职院校学生评价体系中占据核心地位,它作为对学生学习成效的最终考量,对于衡量学生的知识与技能掌握程度具有不可替代的作用。实施结果性评价时,高职院校应确保考试内容的科学性与实用性并重,避免过度依赖传统的书面考试形式。通过引入开放式、应用型的考试题型,如案例分析、项目设计、技能实操等,可以更有效地评估学生的综合应用能力与创新思维。此外,结果性评价不应孤立存在,而应与过程性评价紧密结合,共同构成对学生学习经历与成果的全面、客观评价,从而促进学生综合素质的全面提升与个性化发展。

再次,要注重多元化评价,这是对学生综合素质的全面考量。多元化评价体系强调对学生综合素质的全面考量,通过引入实践操作、团队协作、创新能力、社会责任感等多维度评价指标,旨在全面评估并提升学生的综合素养。这种评价方式不仅关注学生的知识技能,更重视其社会适应能力与职业竞争力的培养。高职院校应积极构建项目化学习、社会实践、志愿服务、社团活动等多元化平台,为学生提供丰富的实践机会与展示舞台。通过这些实践活动,不仅可以有效锻炼学生的各项能力,还能在此基础上实施多元化评价,精准识别学生的优势与潜力,为其个性化成长与职业发展奠定坚实基础。

最后,完善学生评价体系还要求充分利用评价结果。评价结果在高职院校教育教学中扮演着双重角色,既是衡量学生学业成就的标尺,也是推动教育教学改革、促进学生个性化发展的关键依据。为此,高职院校需建立健全评价结果反馈机制,确保评价结果能够及时、精准地传达给学生、家长及教师,为教学策略与学习方法的优化提供实证基础。同时,基于评价结果,学校应进一步强化个性化指导服务,深入分析每位学生的特点与需求,量身定制学习规划与职业规划建议,以期在尊重学生差异性的基础上,促进每个学生的全面发展与潜能挖掘,为其未来的职业道路铺设坚实基石。

在创新驱动发展的背景下,高职院校完善学生评价体系是提升人才培养质量的重要举措。通过建立科学、全面、多元的学生评价体系,注重过程性评价、结果性评价和多元化评价,充分利用评价结果,高职院校能够更好地促进学生全面发展,培养出符合新时代要求的高素质技术技能型人才,为我国经济社会发展贡献智慧和力量。

第二节　高职院校的科学研究责任

高职院校作为高等教育体系中重要的组成部分,其科学研究责任不仅体现在推动学科发展和技术进步上,更在于促进教育教学改革、提升人才培养质量以及服务社会和经济发展上。

一、推动学科发展和技术进步

在创新驱动发展的时代背景下,高职院校作为我国高等教育体系的重要组成部分,承担着推动学科发展和技术进步的重要科研责任。面对全球科技日新月异的发展态势,高职院校不仅要关注学科前沿,深化理论研究,拓展知识边界,更要把科研成果转化为实际生产力,推动技术进步和产业升级,为我国经济社会持续健康发展提供强有力的智力支持和人才保障。

高职院校在推动学科发展方面具有独特的优势。它们紧密联系地方经济发展,以市场需求为导向,以应用研究为主,注重学科交叉融合,能够快速响应行业企业的技术需求。高职院校需要不断优化和完善学科布局,聚焦特色学科建设,加强基础研究和应用研究,提升学科内涵和水平。具体来说,高职院校应采取以下措施:第一,加强学科队伍建设,引进和培养一批具有国际视野的学科领军人才,构建结构合理、充满活力的学科团队。第二,搭建学科平台,整合校内外资源,建立开放共享的科研实验室和工程技术研究中心,为学科发展提供物质保障。第三,深化学科交叉融合,鼓励不同学科之间的交流合作,形成新的学科增长点,提升学科整体竞争力。第四,加强合作与交流,与国内外知名高校和研究机构建立合作关系。

在技术进步方面,高职院校应充分发挥其在技术创新和转移转化方面的作用。高职院校的科研工作更侧重于应用技术研究,这与企业的技术需求高度契合。因此,高职院校应采取以下措施:第一,与企业紧密合作,共同开展技术研发,解决企业生产过程中的技术难题,推动产业技术升级。第二,建立产学研合作平台,促进科研成果转化为实际生产力,提高科研成果的转化率。第三,加强与科研机构、研究型大学的合作,共同承担国家重大科研项目,推动科技创新。第四,建立技术转移转化机制,为教师和学生的科研成果转化提供政策支持和资金保障。

高职院校应与企业、科研机构、研究型大学等紧密合作,共同开展科研项目,促进科教融汇和产教融合。这种合作模式能够实现资源共享、优势互补,为学科发展和技术进步提供强大动力。具体来说,可以从以下几个方面着手:第一,建立联合实验室和研究中心,共同开展前沿技术研究和人才培养。第二,实施产学研合作项目,将企业的实际需求引入科研工作中,提高科研的针对性和实用性。第三,举办学术研讨会和科技论坛,促进学术交流和技术创新。第四,开展教师和学生的互访交流,提升教师的教学科研能力,拓宽学生的学术视野。

高职院校在推动学科发展和技术进步方面肩负着重要使命。通过加强学科建设、深化产学研合作、促进科研成果转化等措施,高职院校能够为我国经济社会发展提供有力的科技支撑和人才保障,推动社会持续进步。在这个过程中,高职院校自身也将实现从教学型向教学研究型和应用技术型的转变,不断提升整体办学水平和影响力。

二、促进教育教学改革

在创新驱动发展的时代背景下,高职院校作为我国高等教育体系的重要组成部分,其科研工作在促进教育教学改革方面肩负着重要责任。与研究型大学相比,高职院校的科研更加侧重于应用技术研究和技术技能型人才培养,这与高职院校的办学定位和人才培养目标紧密相关。教育教学改革的核心在于提高教育质量,培养更多符合社会需求的高素质人才。高职院校需要通过科研来探索新的教学方法和教育理念,以适应不断变化的教育环境和学生需求。

高职院校的科研工作应聚焦于教育教学规律的深入研究。这包括对学生的学习习惯、认知特点、职业发展需求的调研,以及对教育教学方法的创新探索。通过这些研究,高职院校可以制定出更加科学合理的课程体系和教学计划,推动教学内容、方法和手段的创新。具体措施如下:第一,开展教育教学研究项目,鼓励教师参与教育科学研究和教学改革实践,不断提升教育教学水平。第二,建立教学研究团队,通过集体智慧和团队合作,研究教育教学中的热点、难点问题,提出解决方案。第三,定期举办教育教学研讨会,邀请国内外教育专家进行交流,引入先进的教育理念和教学方法。第四,建立教学案例库,收集和整理优秀教学案例,为教师提供教学参考和借鉴。

高职院校的科研工作还应致力于提升学生的实践能力和创新精神。这要求高职院校在科研活动中注重以下方面:第一,强化实践教学,通过科研项目让学生参与实际操作,提高学生的动手能力和解决问题的能力。第二,鼓励学生参与科研项目,培养学生的科研兴趣和创新思维,提升学生的科研素养。第三,建立创新创业教育体系,将创新创业教育融入人才培养全过程,培养学生的创业意识和创新能力。第四,加强与企业、行业的合作,通过产学研结合,为学生提供更多实践和创新的平台。

高职院校促进教育教学改革是一项系统工程,需要通过科研工作来不断探索和实践。通过聚焦教育教学规律的研究、评估教学效果、提升学生实践能力和创新精神,高职院校能够有效提高教育质量,培养出更多符合社会需求的高素质技术技能型人才,为我国经济社会发展做出更大贡献。

三、提升人才培养质量

在创新驱动发展的时代背景下,高职院校作为培养高素质技术技能人才的重要基地,其科研责任在提升人才培养质量方面显得尤为重大。面对

第二章　创新驱动发展背景下高职院校的时代责任

经济结构的转型升级和产业技术的不断更新,高职院校必须通过科研活动来推动教育教学改革,确保人才培养与市场需求紧密对接,从而为社会输送更多高质量的人才。

高职院校借助科研活动,能够显著推动课程体系与教学内容的更新与优化,以适应科技发展的迅猛步伐。在当今这个知识爆炸的时代,技术迭代和产业升级的速度不断加快,要求教育体系必须保持高度的敏感性和灵活性。为此,高职院校可以设立专业建设委员会,通过定期调研和分析,精准把握行业的发展趋势,进而对专业设置和课程内容进行科学合理的调整。这不仅确保了教育内容的时效性和前瞻性,还有助于培养学生在未来职场中的竞争力。同时,鼓励教师参与科研项目,不仅能提升其专业素养,还能将最新的科研成果和技术进步转化为生动的教学案例,从而丰富教学手段,增强课程的实践性和应用价值。此外,高职院校还可以积极与企业合作开发课程,直接引入行业标准和企业实际需求,使教学内容更加贴近实际工作场景,为学生未来的职业发展打下坚实的基础。

高职院校借助科研活动在推动教学方法创新方面发挥着至关重要的作用,对于提升教学效果具有重要意义。传统教学模式往往注重知识的传授和灌输,而忽略了学生的主体性和创造性。而科研活动则强调探究和创新,鼓励学生主动思考和实践。因此,高职院校可以依托科研探索新的教学方法和技术手段,如利用信息技术构建线上线下融合的教学模式,增强师生互动和教学的灵活性;推行项目导向教学、案例教学等以学生为主体的新型教学方法,激发学生的学习兴趣和主动性;运用大数据和人工智能技术辅助教学,实现个性化学习和精准教学等。这些创新的教学方法不仅能有效提升学生的学习效果,还能培养其独立思考和解决问题的能力。

高职院校借助科研活动作为加强校企合作的桥梁,为学生提供了丰富的实践机会,有助于提升其解决实际问题的能力。高职院校应积极构建产学研合作平台,与企业携手开展科研项目,共同推动技术创新和产业升级。在此过程中,院校可以为学生提供实习实训的宝贵机会,让他们在实践中学习和掌握专业技能。同时,通过聘请企业技术专家担任兼职教师,将真实项目引入课堂,使学生能在模拟或真实的工作环境中学习,实现理论与实践的深度融合。此外,高职院校还可以与企业共同制定人才培养方案,确保人才培养精准对接企业需求。这种紧密的合作模式不仅能提升学生的实践能力和职业素养,还能促进企业的技术创新和人才储备。

高职院校借助科研活动,能够有效培养学生创新意识和创新思维,提升其解决复杂问题的能力。为此,院校可以设立学生科研创新基金,为学生开展科研活动提供必要的经费支持和指导。同时,鼓励学生积极申报专利、发表学术论文等科研成果,以此提升其科研素养和创新能力。此外,举办科研竞赛和创新创业大赛也是培养学生创新意识和创新思维的有效途径。这些竞赛不仅能为学生提供展示创新成果的舞台,还能激发他们的创新潜能和团队合作精神。最后,建立完善的创新创业教育体系也是培养学生创新意识和创新能力的重要保障。高职院校可以将创新创业教育贯穿于人才培养的全过程,通过开设相关课程、举办讲座和研讨会等方式,培养学生的创业精神和实践能力。同时,加强与企业和社会的联系,为学生提供更多的创业机会和资源支持,助力他们实现创新创业的梦想。

高职院校必须认识到科研在提升人才培养质量中的核心地位,不断探索科研与教学的深度融合,以科研促教学,以教学带科研,形成良性互动,为我国经济社会发展培养更多高素质的技术技能型人才。

四、服务社会和经济发展

与研究型大学的科研活动相似,高职院校的科研同样聚焦于应用技术研究和技术服务,旨在积极响应社会需求,解决经济发展中的实际问题。高职院校的科研成果不仅有助于提升行业技术水平,还能推动产业升级和转型,为我国经济社会持续健康发展提供强有力的支撑。

高职院校通过积极参与科研活动,紧密跟踪并深入解析行业发展趋势,针对产业发展的关键技术难题展开研究与攻关。这些研究活动不仅具有鲜明的应用性和实践性,而且能够直接转化为企业的生产力,为提升产品的技术含量和市场竞争力注入强劲动力。具体而言,高职院校可以与企业携手开展技术难题的联合攻关,共同突破生产过程中的技术瓶颈,推动整个产业的技术进步。同时,高职院校还可以通过科研成果的转化,助力企业研发新产品、新技术,从而显著增强企业的自主创新能力。这种合作模式不仅有助于提升企业的市场竞争力,还能促进产业升级和结构调整,为经济社会的可持续发展贡献力量。

高职院校科研在产学研深度融合中扮演着重要角色,为企业提供技术咨询、人才培养和成果转化等全方位服务。一方面,高职院校可以组建专业的技术咨询服务团队,深入企业一线,帮助企业解决技术难题,提升企业的管理水平和技术创新能力。另一方面,高职院校还可以根据企业的实际需求,开展定制化人才培养,为企业输送大批符合需求的技术技能型人才,有效降低企业的人力资源培训成本。此外,高职院校还可以积极搭建产学研合作平台,推动科研成果的快速转化和实际应用,实现科研与产业的良性互动和共赢发展。

高职院校的科研工作在促进社会创新能力提升方面发挥着积极作用。为了培养更多具有创新意识和创业精神的人才,高职院校可以建立完善的创新创业教育体系,将创新创业教育贯穿于人才培养的全过程。同时,高职院校还可以定期举办各类科技创新竞赛和创业大赛,为师生提供一个展示创新成果、交流创新经验的平台,进一步激发师生的创新潜能和创业热情。此外,高职院校还可以积极开展科普教育活动,通过举办科普讲座、科技展览等形式,提高公众的科学素养和创新能力,为建设创新型国家奠定坚实的群众基础。

高职院校的科研工作在推动区域经济均衡发展方面也具有重要作用。为了更好地服务于地方经济建设,高职院校可以结合地方经济发展需求,有针对性地开展特色科研项目,推动地方特色产业的发展和壮大。同时,高职院校还可以与地方政府加强合作,积极参与区域经济发展规划的制定和实施,为地方经济社会发展提供智力支持和决策参考。此外,高职院校还可以深化校地合作,充分利用自身的科研资源和人才优势,助力地方经济社会全面发展,实现区域经济的均衡、协调和可持续发展。

这些努力有助于增强社会创新能力,推动经济持续健康发展,实现高职院校服务社会的价值最大化。在实现自身发展的同时,高职院校通过科研工作不断提升服务社会的能力,展现了高等教育的社会责任和时代担当。

五、加强产学研合作

在创新驱动发展的时代背景下,高职院校作为培养高素质技术技能人才的重要基地,其在加强产学研合作方面肩负着重要的科研责任。这不仅要求高职院校致力于前沿科研探索,更要求其紧密结合产业发展需求,推动科研成果的转化与应用,实现教育与经济的良性互动。

高职院校积极与企业携手,共同承担科研项目,开展技术攻关。这种深度合作不仅实现了资源共享、优势互补,更在加速科研成果产出的同时,确保了研究的实用性和市场前景。高职院校与企业联合申报国家级、省级科研项目,共同解决产业技术难题,推动产业技术进步。通过校企合作,高职院校将企业的实际需求引入科研工作中,提高了科研的针对性和有效性,为企业的转型升级提供了有力支持。

同时,高职院校致力于共建研发平台,为产学研合作提供坚实的物理空间和设施保障。这些研发平台不仅为学生提供了实践操作和锻炼的平台,更成为企业技术研发和创新的重要基地。高职院校与企业共同建立校企合作实验室,共同开展技术研发和创新活动,推动科研成果的转化和应用。此外,高职院校还可以创建技术转移中心,促进科研成果向企业转移,加快科技成果产业化,为区域经济发展注入新的活力。

高职院校还应与企业共享实习实训资源,为学生提供丰富的实践机会,同时也为企业提供人才储备的渠道。一方面,高职院校与企业共建实习实训基地,让学生在真实的工作环境中学习和成长,提高学生的实践能力和职业素养。另一方面,高职院校根据企业需求,实施订单式人才培养,确保人才培养与市场需求的无缝对接,为企业的可持续发展提供有力的人才支撑。

此外,高职院校还应积极参与科技创新体系建设,为区域经济发展提供智力支持。它们积极参与区域创新联盟,与政府、企业、科研机构等各方共同推动区域创新体系建设,提升区域创新能力。高职院校还可以举办或参与技术研讨会、创新创业大赛等活动,激发创新活力,推动技术交流与合作,为区域经济发展注入更多的创新动力。通过这些努力,高职院校不仅可以提升了自身的科研实力和社会影响力,更可以区域经济的繁荣与发展做出积极贡献。

高职院校加强产学研合作是推动教育改革、服务经济发展的重要途径。通过共同承担科研项目、共建研发平台、共享实习实训资源等方式,高职院校能够更好地发挥其在人才培养、科学研究、社会服务等方面的作用,为我国经济社会发展贡献智慧和力量。

六、强化科研团队建设

在创新驱动发展的时代背景下,高职院校作为我国高等教育体系的重要组成部分,其在强化科研团队建设方面肩负着重要的科研责任。科研团队是高职院校开展科学研究、推动技术创新、服务社会经济发展的重要力量。因此,高职院校需要积极组建和培育高水平的科研团队,通过汇聚优秀科研人才,形成合力攻克科研难题,为我国科技创新和社会进步提供智力支持。

高职院校在强化科研团队建设的过程中,须秉持高标准、严要求的选拔原则,致力于构建一支专业基础扎实、创新能力突出、团队协作紧密的科研团队。在成员选拔上,不仅要考察其在本专业领域的学术造诣,更要重视其跨学科合作的能力,鼓励团队成员间形成知识互补,共同应对复杂多变的科研挑战。为此,高职院校可采取一系列策略性措施:一是通过设立特聘教授、讲座教授等高端岗位,以优厚的待遇和良好的工作环境吸引国内外顶尖学者加盟,为科研团队注入新鲜血液,提升整体科研水平;二是实施青年教师科研能力提升计划,通过定期举办科研方法论培训、组织参与国内外学术交流会议、提供实践基地锻炼机会等多元化方式,全面提升青年教师的科研素养和实践能力,为科研团队的可持续发展奠定坚实基础。

创新驱动发展背景下高职院校产教融合实施途径研究

高职院校应精心策划和组织多样化的科研活动,为科研团队搭建广阔的实践舞台,促进其科研能力和团队协作能力的全面提升。这些活动包括但不限于科研项目申报指导、高水平学术研讨会、科研成果展示会等。高职院校应积极鼓励科研团队申报省级、国家级乃至国际级的科研项目,通过参与项目申报和实施过程,锻炼团队的科研项目管理能力和实际操作技能。同时,定期邀请国内外知名专家学者举办学术研讨会,不仅为团队成员提供与顶尖学者面对面交流的机会,拓宽学术视野,还能激发团队成员的创新灵感,促进科研思路的碰撞与融合。此外,科研成果展示会不仅能够展示团队的科研成果,增强团队荣誉感,还能促进与其他团队间的交流与合作,形成良性循环。

高职院校应提供全面而有力的科研条件和激励机制,以激发团队成员的科研热情和创造力。在硬件条件方面,高职院校应建立健全科研经费管理制度,确保科研团队拥有充足的资金支持,同时提供先进的实验室设备、丰富的图书资源和数据库访问权限,为科研工作提供坚实的物质保障。在激励机制方面,高职院校可设立科研成果奖励基金,对在科研领域取得突出成果的团队和个人给予丰厚的物质奖励和精神表彰,以此激发团队成员的科研积极性和创新精神。同时,开辟职称晋升绿色通道,对在科研工作中表现优异的团队成员给予优先晋升机会,进一步激发团队成员的职业发展动力。

高职院校还应将科研成果的产出与转化作为重要任务,致力于推动科研成果服务于地方经济社会的发展。为此,高职院校应建立科研成果转化平台,加强与企业的深度合作,通过技术转让、联合研发、共建研发中心等多种形式,推动科研成果从实验室走向生产线,转化为实际生产力。同时,鼓励科研团队积极参与地方经济社会发展规划,结合地方实际需求,开展针对性强的科研项目,为政府决策提供科学依据,助力地方经济社会持续健康发展。通过这一系列举措,高职院校不仅能够提升自身的科研实力和社会影响力,还能为地方经济社会发展贡献更多的智慧和力量。

高职院校强化科研团队建设是提升学校科研实力、服务社会发展的重要途径。通过选拔和培养优秀科研人才、组织和开展科研活动、提供科研条件和激励机制、推动科研成果产出和转化,高职院校能够为我国科技创新和社会进步贡献智慧和力量。

七、提升国际科研合作与交流水平

在创新驱动发展的时代背景下,高职院校科研在"提升国际科研合作与交流水平"方面肩负着重要责任。随着全球化的加速和科技发展的日新月异,国际科研合作与交流已成为推动科技创新和提升学术水平的关键途径。高职院校作为培养技术技能人才的重要基地,应当积极拓展国际视野,主动寻求与国际同行的科研合作与交流机会,以提升自身的科研水平和国际影响力。

高职院校在推动国际科研合作与交流方面,需制定一套全面、深入且明确的战略,将国际化深度融入学校发展的整体蓝图之中,以此提升学校的科研水平和国际影响力,为师生提供更广阔的发展空间和机会。

为实现这一目标,高职院校需成立专门的国际科研合作与交流机构。该机构将承担起制定合作规划、协调国际关系、管理合作项目等重任,确保国际合作的顺利进行。这一机构的成立,将使得高职院校在国际合作方面更加专业、高效,能够更好地利用国际资源,推动学校的国际化进程。同时,高职院校还应设立国际科研合作基金,为师生参与国际科研项目和交流活动提供坚实的资金支持。这将降低师生参与国际交流的门槛,激发他们参与国际科研合作的热情,推动学校的国际科研合作与交流向更深层次、更广领域发展。

在积极参与国际科研项目和学术活动方面,高职院校应采取多种措施。一方面,高职院校应积极与国外高校和研究机构开展联合研究,共享科研资源,共同攻克科学难题。通过与国际顶尖科研团队的合作,高职院校将能够接触到更前沿的科研领域和更先进的科研方法,从而提升自身的科研实力。另一方面,高职院校应定期举办国际学术会议,邀请国际知名学者和专家参与,搭建学术交流平台,促进学术思想的碰撞与融合。这将有助于高职院校

创新驱动发展背景下高职院校产教融合实施途径研究

了解国际学术前沿动态,拓宽师生的学术视野,为科研合作奠定坚实基础。此外,高职院校还应邀请国际知名学者来校进行学术讲座和短期讲学,引进国际先进的科研理念和技术,为师生提供与国际接轨的学习机会,提升他们的科研素养和创新能力。

在科研团队的国际化建设上,高职院校同样需要给予高度重视。高职院校应选派教师和研究人员出国访学、参加国际学术会议,拓宽他们的学术视野,了解国际科研动态和趋势。同时,通过与国际顶尖科研团队的交流与合作,他们将能够建立广泛的国际学术网络,为后续的科研合作奠定人脉基础。此外,高职院校还应积极引进海外高层次人才,充实科研团队,提升团队的科研创新能力和国际竞争力。这些海外高层次人才将带来国际先进的科研理念和技术,为高职院校的科研事业注入新的活力和动力。此外,高职院校还应鼓励学生和教师参与国际学术竞赛和交流活动,培养他们的国际视野和跨文化交流能力。

通过加强国际科研合作与交流,高职院校可以汲取全球智慧,加速科研成果的转化和应用,从而推动学校科研工作的全面发展,为培养具有国际竞争力的高素质人才奠定坚实基础。这种开放和包容的态度,也是高职院校在科研领域不断追求卓越、实现自我突破的重要体现。

八、坚守科研伦理

科研伦理是科研活动的基石,它要求科研工作者在追求知识、探索真理的过程中,始终保持诚信、公正和尊重他人的原则。高职院校应当建立完善的科研伦理规范体系,明确科研人员在科研活动中的行为准则,引导科研人员自觉遵守科研伦理规范,维护科研诚信。同时,学校应加强对科研人员的伦理教育和培训,增强他们的伦理意识和道德素质,确保科研活动的合规性和正当性。在科研实践中,高职院校应强调科研数据的真实性和可靠性,严禁任何形式的学术不端行为,如抄袭、剽窃、篡改数据等。对于发现的学术不端行为,学校应依法依规严肃处理,维护学术的纯洁性和公正性。坚守科研伦理不仅是高职院校科研工作的内在要求,也是提升学校科研声誉和学术地位的重要保障。高职院校应时刻牢记科研伦理的重要性,切实履行好科研伦理责任,为培养德才兼备的高素质人才和推动科技进步做出积极贡献。

综上所述,高职院校的科学研究责任是多方面的,既包括推动学科发展、技术进步,也包括促进教育教学改革、提升人才培养质量,更在于服务社会和经济发展的综合实力。高职院校要充分发挥自身优势,紧密结合国家和地方经济社会发展需求,积极开展科研工作,不断提升自身的科学研究水平和社会服务能力。

第三节　高职院校的社会服务责任

一、人才培养与输送责任

在创新驱动发展的时代背景下,高职院校作为我国高等教育体系的重要组成部分,其在"人才培养与输送"方面承担着重要的社会服务责任。这一责任不仅体现在为学生提供高质量的教育,更在于满足社会对各类技术技能人才的需求,为我国经济社会发展提供有力的人才支撑和智力保障。

高职院校致力于培养具备专业技能和职业素养的毕业生。在知识经济时代,社会对技术技能人才的需求呈现出多样化和高端化的趋势。高职院校紧跟时代步伐,通过以下几个方面来提升人才培养质量:第一,与企业紧密合作,了解行业最新动态和人才需求,优化课程设置,确保教学内容与产业发展同步,提高人才培养的针对性和实用性。第二,强化实践教学,提供实习实训机会,使学生能够在真实的工作环境中锻炼技能,提升解决实际问题的能力。第三,建立以就业为导向的教育教学模式,通过案例教学、项目活动等方式,培养学生的创新意识和实践能力。第四,注重学生职业素养的培养,通过课程教学、社团活动、志愿服务等途径,全面提升学生的社会责任感、团队协作能力和职业道德。

创新驱动发展背景下高职院校产教融合实施途径研究

　　高职院校不仅在职业技术人才培养方面责无旁贷,在人才输送方面也应发挥重要作用。学校不仅是知识的传授者,更是学生与企业、行业之间的纽带。高职院校通过以下措施,实现人才的精准输送:第一,积极搭建与企业、行业之间的合作平台,建立稳定的校企合作关系,为毕业生提供广阔的就业渠道。第二,举办校园招聘会、行业对接会等活动,邀请企业走进校园,直接与毕业生对接,提高就业效率。第三,推荐优秀学生实习就业,通过实习实训基地建设,让学生提前适应工作岗位,提高就业质量。第四,建立毕业生跟踪调查和反馈机制,及时了解毕业生就业状况和市场需求变化,不断调整人才培养策略。

　　同时,高职院校还承担着为社会提供技能培训、技术咨询等服务的责任。在终身学习理念和建设学习型社会的背景下,高职院校利用自身教育资源优势,面向社会开展以下服务:第一,开展各类职业技能培训,帮助在职人员提升技能水平,适应职业发展的需要。第二,提供技术咨询和服务,支持企业技术改造和产业升级,推动科技成果转化。第三,与地方政府、行业企业合作,共同开发培训项目,满足区域经济发展对人才的需求。第四,开放教育资源,为社区居民提供终身学习的机会,促进社区文化和教育事业的发展。

　　高职院校在人才培养与输送方面的责任重大。通过优化课程设置、强化实践教学、搭建合作平台、提供社会服务等多措并举,高职院校能够培养出更多高素质的技术技能人才,满足社会对多样化人才的需求,为我国经济社会发展做出积极贡献。同时,高职院校自身也在这一过程中不断提升办学水平和社会影响力,实现可持续发展。

　　二、技术服务与支持责任

　　在创新驱动发展的时代背景下,高职院校作为高等教育机构的重要组成部分,其社会服务责任在"技术服务与支持责任"方面有着重要体现。高职院校不仅是技术技能人才培养的摇篮,也是推动社会科技进步和产业转型升级的重要力量。其技术服务与支持责任不仅体现了学校对社会的回馈,也展示了其作为技术人才培养基地的独特价值。

在科技创新成为国家发展战略核心支柱的当下,高职院校凭借其深厚的学术底蕴和前瞻性的科研视野,成为推动社会技术进步的重要力量。它们不仅鼓励师生积极投身于科研项目,探索新技术、新工艺的未知领域,更致力于将这些科研成果转化为实际应用,为社会经济发展注入新的活力。通过与企业、研究机构的深度合作,高职院校成功地将科研成果转化为现实生产力,为产业升级和经济发展提供了强有力的技术支撑。这种深度的产学研合作,不仅加速了科技成果的商业化进程,还促进了产业链上下游的协同创新,推动了整个行业的技术进步和产业升级。高职院校通过建立科研平台,汇聚了众多优秀的科研团队和人才,形成了强大的科研合力。这些平台不仅为师生提供了广阔的科研舞台,还吸引了众多行业企业的关注和合作。通过共同攻克技术难题,高职院校与行业企业携手共进,推动了产业技术的不断进步和突破。这些技术成果的应用,不仅提升了相关产业的竞争力,更为社会经济的持续发展注入了新的动力。

高职院校与企业之间的紧密合作,不仅体现了其服务社会、服务地方经济发展的使命,更为企业提供了全方位、精准化的技术支持。学校充分利用自身的技术优势和人才资源,针对企业的技术难题和发展需求,提供定制化的技术咨询服务。通过深入企业的生产一线,高职院校的专家们能够准确把握问题的本质,提出切实可行的解决方案,帮助企业解决技术瓶颈,提高生产效率。此外,高职院校还通过建立专家库、技术服务团队等形式,为企业提供长期、稳定的技术支持。这些专家团队不仅拥有丰富的行业经验和专业知识,还能够根据企业的实际需求,提供个性化的技术支持和解决方案。这种精准对接的服务模式,不仅提升了企业的技术水平和市场竞争力,更为其实现可持续发展提供了有力的保障。

在知识更新换代日益加快的今天,高职院校的技术培训与知识普及工作显得尤为重要。它们通过开设技术培训课程、举办技术讲座等方式,向社会各界普及先进技术和知识,提高公众的科技素养。这些培训课程和讲座不仅涵盖了最新的技术动态和趋势,还注重实践操作和案例分析,使学员能够真正掌握所学内容。同时,针对在职人员和技术人员的需求,高职院校提供了丰富的专业技能培训。这些培训课程不仅能够帮助学员提升职业能力,更好地适应岗位需求,还能够促进他们的个人成长和职业发展。此外,高职院校还积极推广新技术、新工艺,引导企业和社会公众接受并应用新技术。通过举办技术交流会、创新大赛等活动,高职院校为新技术、新工艺的推广和应用提供了广阔的舞台和平台。这种多维度的服务模式,不仅提升了高职院校的社会影响力,更为其赢得了广泛的赞誉和认可。同时,也推动了社会的科技进步和产业升级,为构建创新型社会做出了积极贡献。

高职院校在履行"技术服务与支持"方面的社会服务责任上,所承担的角色既关键又意义深远。它们不仅通过前沿的科研创新,推进应用技术的发展,更通过为企业提供专业的技术咨询、开展有针对性的技术培训及广泛的技术推广,为整个社会提供了全面且高质量的技术支持。这些努力不仅推动了科技进步,也为产业的升级换代注入了源源不断的动力,从而在社会经济发展中扮演了不可或缺的角色。

三、社区服务与文化建设责任

在创新驱动发展的时代背景下,高职院校作为高等教育机构的重要组成部分,其社会服务责任不仅在"技术服务与支持责任"方面有重要体现,而且在"社区服务与文化建设责任"方面也发挥着不可忽视的作用。高职院校不仅是技术技能人才培养的摇篮,也是推动社区服务和文化建设的重要力量。其社区服务与文化建设责任不仅体现了学校对社会的回馈,也展示了其作为文化传承和创新基地的独特价值。

首先,在推动社会技术进步与创新的前沿阵地上,高职院校发挥着举足轻重的作用。它们不仅致力于科研探索和技术革新,还积极将这些创新成果转化为实际生产力,为社会提供尖端的技术支撑。通过科研激励机制,高职院校鼓励师生投身于科研项目,不断挖掘新技术、新工艺的潜力,并加速科技成果的商业化进程。这些技术突破不仅显著增强了相关产业的国际竞争力,还为整个社会的持续发展注入了强劲的科技动力。同时,高职院校还着眼于社区服务,将先进技术应用于提升社区生活品质和基础设施,为居民带来实实在在的便利与福祉。

其次,高职院校与企业的深度合作成为其服务社会的又一亮点。学校充分利用自身的技术优势和专业人才,针对企业面临的技术瓶颈和发展需求,提供量身定制的技术咨询服务。通过深入企业的生产实践,高职院校能够精准把握企业的实际问题,并据此提出科学有效的解决方案,助力企业攻克技术难关,提升生产效率和市场竞争力。这一合作模式不仅促进了产学研深度融合,还使高职院校在社区中树立了专业、高效的良好形象,进一步增强了社区居民对学校的信任和支持。

最后,高职院校在技术培训和推广方面的贡献同样不可忽视。它们通过开设丰富多样的技术培训课程和讲座,广泛普及先进的科学技术知识,提升公众的科技素养和创新能力。这些培训活动不仅面向企业员工,也惠及社区居民,特别是针对那些处于弱势地位的群体,如失业人员、残疾人等,提供针对性的技能培训,帮助他们掌握一技之长,提升就业竞争力。高职院校还积极与社区合作,开展各种形式的科技文化活动,如科技展览、科普讲座等,以生动有趣的方式向公众展示科技的魅力和应用前景,激发居民对科学的兴趣和热情。通过这些努力,高职院校不仅为社区居民提供了实用的技能培训、普及科技知识,还促进了科技与社会的深度融合,为构建创新型社区和和谐社会做出积极贡献。

高职院校在社区服务与文化建设方面扮演着至关重要的角色。通过技术支持、教育培训、文化传承、社区参与等多方面的努力,高职院校能够有效地促进社区的发展和进步,提升社区居民的生活品质,增强社区的文化软实力,为构建和谐社会做出积极贡献。同时,高职院校在这一过程中也能够不断提升自身的教育教学质量和科研水平,实现社会服务与自身发展的双赢。

四、区域经济发展支撑责任

创新驱动发展战略的实施,对人才、技术、产业等方面提出了新的要求。高职院校作为地方经济建设的重要力量,其区域经济发展的支撑作用日益

创新驱动发展背景下高职院校产教融合实施途径研究

凸显。通过人才培养、技术研发、社会服务等多方面的努力,高职院校为区域经济发展提供了有力保障。

高职院校在区域经济发展中扮演着培养高素质技术技能人才的重要角色。它们紧密围绕区域产业发展需求,灵活调整专业结构,确保人才培养与产业需求高度契合。通过深化校企合作、产学研结合等模式,高职院校精准对接企业需求,培养出一批既懂理论又擅长实践的高素质技术技能人才。在人才培养探索过程中,高职院校不断创新模式,以就业为导向,强化实践教学环节,提高学生的实践能力和创新能力。订单培养、现代学徒制等新型教育模式,让学生在真实的工作环境中锻炼成长,为未来的职业生涯打下坚实基础。同时,高职院校高度重视师资队伍建设,积极引进企业优秀人才,提升教师的实践能力和教学水平。这些举措不仅优化了教师队伍结构,更为学生提供了高质量的教育资源,为区域经济发展培养了更多优秀人才。

高职院校能够推动区域技术研发与创新。第一,加强科研团队建设,提升科研能力。高职院校重视科研团队建设,鼓励教师开展横向课题研究,为企业解决技术难题。同时,加强与高校、科研院所的合作,共享科研资源,提升整体科研水平。第二,搭建产学研平台,促进科技成果转化。高职院校通过建立产学研合作平台,推动科技成果与企业需求的有效对接,加快科技成果转化,为区域经济发展提供技术支持。第三,开展技术培训与推广,提升企业创新能力。高职院校针对企业需求,开展技术培训、讲座等活动,帮助企业掌握新技术、新工艺,提高企业创新能力。

在当今经济发展格局中,高职院校在区域经济产业转型升级中发挥了重要作用。一方面,高职院校能精准发挥专业特长,深度助力产业结构调整。凭借丰富且前沿的专业设置,源源不断地为区域产业输送适配人才,同时利用科研力量、实训资源,为传统产业赋能新技术,促使产业向高端化迈进。另一方面,其与企业紧密携手,大力推动产业链的延伸。联合上下游企业共建研发平台、共享创新成果,吸引更多关联企业汇聚,催生产业集群效应,全方位提升区域经济在市场中的竞争力。此外,高职院校还具备敏锐的市场洞察力,聚焦新兴产业发展潮流。前瞻性地开设新兴专业,培养急需人才,为初创企业攻克技术难关,精心培育新兴产业幼苗,使之茁壮成长为区域经济新的增长引擎。

高职院校在提升区域社会服务能力方面发挥着关键作用。它们凭借自身的专业优势,积极为企业提供技术咨询和解决方案服务,帮助企业解决生产中的实际问题,提高生产效率,降低成本,从而增强企业的市场竞争力。同时,高职院校还深度参与区域发展规划的制定,为地方政府提供科学的决策参考,助力区域经济持续健康发展。它们的专业知识和实践经验,为规划的科学性和可行性提供了有力保障。此外,高职院校应加强与企业的合作,推动产学研一体化进程。通过深度合作,实现资源共享、优势互补,为区域经济发展提供了强有力的支撑。这种合作模式不仅促进了技术创新和产业升级,还带动了人才培养和就业创业,为区域经济的繁荣发展注入了新的活力。

高职院校在区域经济发展中肩负着重要责任。通过培养高素质技术技能人才、推动技术研发与创新、促进产业转型升级、提升社会服务能力等多方面的努力,高职院校为区域经济发展提供了有力支撑。展望未来,高职院校将继续发挥自身优势,为我国经济社会发展贡献更多力量。

第三章　我国高职院校产教融合的成效与问题

第一节　我国高职院校产教融合的成效

一、政策支持力度加大

根据相关研究,新中国成立以来我国产教融合人才培养政策演化可以分为三个阶段:一是教育与生产一体化阶段(1949—1978),这一阶段的主要特征是政府主导,院校专门培养通晓基本理论、善于实际操作的人才;专业建设依托厂矿,学生必须进入工厂实习;二是产教(松散)合作阶段(1978—2010),这一阶段的主要特征是高校主导,人才培养目标从技术型的专门人才转向学术型的高级人才;高等教育领域与产业界的合作相对松散,合作形式较为简单,一般为企业向高校输入资金、技术人员,高校向企业输送知识和人才;三是产教逐渐融合阶段(2010年至今),这一阶段的主要特征是企业主体地位愈发凸显,是政产学多元主体参与下"螺旋"推进的产教融合过程,以培养造就一大批多样化、复合型卓越工程科技人才为目标且产教融合形式愈发多样化。[①]在产教逐渐融合阶段,随着我国产业的发展,国家对产教融合的支持力度迅速加大,先后出台多部推进产教融合的重要文件,并在国家综合性政策文件中对产教融合给予多次强调。

---

① 张子法,王雨洁,李拓宇,等.新时代产教融合人才培养政策回顾与展望——基于政策工具的文本分析[J].浙江大学学报(人文社会科学版),2022,52(12):104-114.

第三章　我国高职院校产教融合的成效与问题

2010年5月,国务院常务会议审议并通过的《国家中长期教育改革和发展规划纲要(2010—2020年)》提出"推进校企合作制度化",强调"调动企业的积极性"。2013年,党的十八届三中全会通过《中共中央关于全面深化改革若干重大问题的决定》,第一次在官方文件中提到"产教融合"。2014年8月,教育部发布《关于开展现代学徒制试点工作的意见》,对集团化办学的参与主体、组织形式、治理结构、运行机制等提出了要求。2015年6月,教育部发布《关于深入推进职业教育集团化办学的意见》,组建了新一届行业教学指导委员会,修订了中职、高职专业目录。2017年印发的《国务院办公厅关于深化产教融合的若干意见》强调要同步规划产教融合与经济社会发展,推进产教融合人才培养改革,鼓励企业依法参与举办职业教育。其后,教育部等六部门联合印发了《职业学校校企合作促进办法》,力图解决校企合作中一直存在的企业参与积极性不高、参与程度不深等问题,破解校企合作运行机制不顺畅、合作协议不规范、育人成效不明显等难题。国务院于2019年2月发布的《国家职业教育改革实施方案》(简称"职教20条")从坚持知行合一、工学结合,推动校企合作,打造一批高水平实训基地和多措并举打造"双师型"教师队伍等方面对促进产教融合、校企"双元"育人等提出明确要求。国家发展和改革委员会和教育部于2019年3月发布了《建设产教融合型企业实施办法(试行)》,鼓励和引导企业深度参与职业教育,促进教育与产业的紧密结合。中共中央办公厅、国务院办公厅于2022年12月印发的《关于深化现代职业教育体系建设改革的意见》,针对人才培养供给侧与产业需求侧匹配度不高等问题,提出打造市域产教联合体和行业产教融合共同体的制度设计,更加注重服务经济社会发展。国家发展和改革委员会、教育部等八部委于2023年6月8日印发的《职业教育产教融合赋能提升行动实施方案(2023—2025年)》着眼于统筹解决人才培养和产业发展"两张皮"的问题,着力推动产业需求更好融入人才培养全过程。教育部办公厅于2023年7月发布的《关于加快推进现代职业教育体系建设改革重点任务的通知》明确了加快推进现代职业教育体系建设的改革重点任务,包括打造市域产教联合体、行业产教融合共同体等。

创新驱动发展背景下高职院校产教融合实施途径研究

国家层面的产教融合政策从宏观到微观、从抽象到具体,对产教融合做了较为全面的规定和引导。在国家政策的指导下,各地纷纷制定、发布本地的产教融合促进政策,为产教融合的广泛实施和高效推进提供了良好的政策环境。

二、合作模式多样化

近年来,我国高职院校在产教融合方面积极探索多样化的合作模式,取得了显著成效。这些合作模式涵盖了企业赞助学校、校企合作办学、校企联合研发等多个方面,既满足了产业界对人才的需求,也提升了高校的实践教学水平。

(一)企业赞助学校

企业赞助学校作为产教融合领域内一种广泛采纳且成效显著的合作模式,其深远影响及积极作用在近年来愈发显著,成为推动教育与产业深度融合的重要力量。该模式根植于企业与高等职业院校间的深度合作机制,通过缔结具有法律效力的合作协议,企业得以在资本注入、硬件设施、技术转移等多个关键领域为学校提供全方位的支持。此类支持不仅直接促进了学校教学基础设施的现代化升级,如实验室设备的更新换代、实训基地的扩建与优化,还极大程度地强化了学校的实践教学能力,为学生搭建起一个贴近实际职业环境的实训平台。在这一合作框架下,学校能够更有效地实施实践教学策略,实现理论知识与实践技能的深度融合,从而精准培养学生的动手操作能力和问题解决技巧。学生在先进的实训设施上,得以模拟真实工作场景,通过反复练习直至技能精通,为职业生涯的顺利起步奠定坚实基础。此外,企业赞助学校的合作模式也是企业提升社会形象、彰显社会责任感的有效策略。企业通过设立奖学金、参与实训基地共建等人才培养环节,不仅能够有效吸引并锁定具备潜力的未来人才,还能够在公众视野中塑造出积极履行社会责任的正面形象,进而提升企业的品牌号召力和市场竞争力。

具体而言,部分企业通过设立专项奖学金,激励学生追求学术卓越与全面发展;通过建立集教学、实训于一体的校企合作实训基地,为学生提供宝贵的实习实训机会,促进其在实践中学习与成长。这些举措不仅为学生营造了一个优良的学习与实践环境,也为企业的人才梯队建设和可持续发展注入了新鲜血液与活力。通过产教深度融合,企业与学校实现了资源共享、优势互补,共同推动了人才培养模式的创新与升级,为经济社会的高质量发展贡献了重要力量。这一合作模式无疑为教育与产业的深度融合提供了新的思路与实践范例,具有重要的学术研究与推广价值。

(二)校企合作

校企合作办学作为产教融合战略架构中的另一根关键支柱,其重要性不容小觑。该合作模式通过一系列多元化的实践路径,诸如共建二级学院、专业共建及课程共建等创新举措,深度整合了企业与高职院校的资源,共同构建了一个既强调理论深度又注重实践操作的教育生态系统。在此框架下,企业与学校紧密携手,共同规划人才培养的蓝图,确保教育内容与行业实际需求的高度对接。双方联合开展教学活动,不仅极大地丰富了教学方法与手段,更为学生提供了在真实职业环境中进行实践学习的宝贵机会,从而显著提升了学习的指向性和实效性。"学中做,做中学"的教育模式,在这一合作框架下得到了生动体现。学生在实践中发现问题、解决问题的过程中,不断深化对专业知识的理解,并掌握更多实用的专业技能。这一模式不仅强化了学生的实践操作能力,还促进了其创新思维与问题解决能力的提升。尤为重要的是,校企合作办学还为企业技术创新与应用提供了肥沃的土壤。通过与高职院校的深度合作,企业能够充分利用学校的科研资源与人才优势,共同面对技术挑战,推动技术创新。同时,学校也能通过企业的实际应用场景,将科研成果转化为现实生产力,实现产学研用的无缝对接与深度融合。

以共建产业学院为例,部分高职院校与知名企业携手,将课堂教学与实践操作紧密融合,打造了一个集教学、科研、生产于一体的综合性教育平台。在这一平台上,学生不仅能够接受系统的理论教育,还能在企业的真实项目中锻炼实践能力,实现知识与技能的双重飞跃。这种合作模式不仅为学生提供了更加广阔的成长空间,促进了其全面发展,同时也为企业的技术创新和产业升级注入了新的活力,推动了企业与高职院校的双赢发展。校企合作办学模式以其独特的优势与成效,为产教融合战略的深入实施提供了有力支撑,具有重要的学术研究与推广价值。

(三)校企联合研发

校企联合研发作为产教融合战略中一种富有成效的合作模式,其重要性及深远影响在学术界与产业界均得到了广泛认可。该模式的核心在于构建企业与高校之间的桥梁,实现科研资源与产业需求的精准对接,进而共同推动技术研发与创新的深度发展。在这一框架下,高校与企业不再是孤立存在,而是形成了一个优势互补、互利共赢的合作共同体,共同促进了科研成果的转化与产业升级。

高校作为知识与智慧的汇聚地,拥有卓越的科研能力和深厚的知识储备,擅长理论探索与前沿科技的追踪,能够持续为企业提供前沿的技术支持和创新解决方案。企业凭借其敏锐的市场洞察力和丰富的实践经验,为高校的科研成果提供了宝贵的试验场和广阔的推广平台。这种合作模式不仅加速了高校科研成果向实际应用的转化进程,还使企业在激烈的市场竞争中保持了领先地位,实现了技术创新与产业升级的双重目标。尤为重要的是,校企联合研发模式强调"应用导向性",即所有研发活动都紧密围绕企业的实际需求展开。这意味着高校的科研方向不再局限于纯粹的理论探索,而是更加注重科研成果的实用性和市场价值。企业则通过提出具体的技术需求,引导高校的科研活动,确保研发成果能够直接应用于生产实践,解决实际问题。这种"需求牵引、创新驱动"的研发模式,不仅显著提升了研发效率,还确保了科研成果的高转化率和市场适应性。

以高职院校与高新技术企业的合作为例,双方共同开展了新技术、新工艺的研发和应用,取得了令人瞩目的科研成果。高职院校利用其科研团队的专业优势,为企业量身定制了多项创新技术,如智能化生产线优化、高效节能材料研发等。这些技术不仅显著提高了企业的生产效率,还大幅度降低了能耗和成本,为企业带来了显著的经济效益。同时,企业也通过提供真实的生产环境和应用场景,为高职院校的科研成果提供了验证和优化的平台。在这一过程中,科研成果得以在实践中不断成熟和完善,进一步提升了其市场竞争力和应用价值。

此外,校企联合研发模式还促进了双方人才的交流与培养。高校的教师和学生能够深入企业一线,了解实际生产过程中的技术需求与挑战,从而更加明确科研方向和目标。而企业的技术人员则能够通过参与高校的科研项目,拓宽知识视野,提升科研能力。这种人才的双向流动不仅提升了双方的科研实力,还为产业界输送了大量具备创新能力和实践经验的高素质人才。

除了以上几种合作模式,高职院校还积极探索其他形式的产教融合。例如,通过校企共建实习实训基地、开展技能竞赛、搭建就业服务平台等方式,加强与企业的合作与交流。这些多样化的合作模式不仅丰富了产教融合的内涵,也拓展了合作的广度和深度,为高职院校人才培养和企业发展提供了有力支持。

在合作模式多样化的推动下,高职院校与企业之间的合作更加紧密,双方在人才培养、技术创新、就业服务等方面的合作不断深化。这种多样化的合作模式不仅提升了高职院校的人才培养质量,也促进了企业的创新发展和产业升级。

三、人才培养质量提升

产教融合在提升高职院校人才培养质量方面发挥了重要作用。通过产教深度融合,高职院校能够更有效地培养出符合市场需求的高素质技术技能人才,满足经济社会发展的需要。

(一)产教融合提升人才培养质量的方式

1.密切了教育与产业的联系

产教融合作为一种具有前瞻性的创新人才培养模式,其核心精髓在于构建教育与产业之间紧密且互动的联结机制,有效打破了长久以来传统教育体系与产业界之间存在的固有壁垒。这一模式通过深度整合与优化配置

创新驱动发展背景下高职院校产教融合实施途径研究

教育资源与产业资源实现了人才培养的前瞻性、针对性与务实性的显著提升。

在产教融合的框架下,高职院校与产业界携手构建了更为稳固且富有成效的合作关系。高职院校方面,积极响应产业发展的实际需求,对课程设置及教学内容进行适时调整与优化。这种紧密贴合产业发展趋势的教学策略,确保了学生所学知识的前沿性与实用性,为他们在毕业后迅速融入产业环境、满足企业多元化用人需求奠定了坚实基础。与此同时,产业界也深度参与人才培养的各个环节。企业通过设立实习实训基地、派遣专业技术人员担任兼职教师等多种途径,为学生提供了宝贵的实践锻炼机会与真实的职业场景体验。这种以实践为导向的教学模式,不仅极大地提升了学生的动手操作能力,更在潜移默化中培养了他们的职业素养、团队协作意识及问题解决能力,为学生的长远职业发展铺设了宽广的道路。更为深远的是,产教融合还极大地促进了教育与产业之间的信息交流与技术革新。高职院校得以充分利用产业界的最新技术成果与研究成果,不断更新教学内容与方法,使得人才培养的科技含量与创新能力得到显著提升。而产业界则能够借助高职院校丰富的人才储备与智力支持,攻克技术难关,推动产业升级与创新发展,实现双赢乃至多赢的局面。

2.促进学生实践能力的提升

产教融合作为一种高效的人才培养模式,其在提升学生实践能力方面的作用尤为显著。通过深度整合教育资源与产业资源,产教融合为学生提供了更加丰富的实践机会和平台,使他们能够在真实的工作环境中锻炼和提升自己。产教融合对学生实践能力的提升主要体现在培养方案制定、教学内容设计和专业实习开展三个方面。

第一,产教融合推动了高职院校与产业界在人才培养方案及教学计划上的紧密协作。企业作为直接面对市场与行业需求的一方,根据自身的发展愿景与实际需求,积极为高职院校提供实习实训基地,使学生能够身临其境地参与到真实的工作项目中。这种实践导向的教学策略,不仅使学生在理论学习之余积累了宝贵的实践经验,更在潜移默化中培养了他们的职业素养、团队协作精神及解决实际问题的能力,为学生未来的职业生涯奠定了坚实的基础。

第二,产教融合促进了教学内容与产业需求的深度融合。高职院校在充分了解产业发展趋势及企业实际需求的基础上,对课程设置与教学内容进行适时调整与优化,确保学生所学知识与行业前沿保持同步。这种针对性强、实用性高的教学方式,使学生能够更加深入地理解专业知识,并具备将其灵活应用于实际工作中的能力,进而在实践中不断锻炼与提升自己的实践能力和创新能力。

第三,产教融合为学生提供了更为丰富的实践机会与平台。通过参与企业的实际项目,学生不仅能够接触到最前沿的技术与设备,还能够及时了解行业动态与发展趋势,从而在专业领域内保持敏锐的洞察力与判断力。

这种实践经历不仅能够显著提升学生的专业素养与综合能力,还能够拓宽他们的视野,增强他们的就业竞争力,为未来的职业发展奠定更为坚实的基础。

3.推动了"双师型"教师队伍的建设

产教融合作为深化教育改革、提升人才培养质量的重要途径,其显著成效之一在于有效推进了"双师型"教师队伍的建设。这一模式打破了传统教育体系中教师单一理论教学的局限,强调了理论与实践并重的教学理念。

"双师型"教师队伍指那些既精通专业理论知识,又具备丰富实践经验的教师群体。这一群体的形成与发展,与产教融合模式的深入实施密不可分。产教融合作为一种创新的教育理念与实践路径,通过构建校企合作平台,为"双师型"教师队伍的培养与壮大提供了肥沃的土壤。具体而言,产教融合鼓励教师走出校园,深入企业一线,参与实际项目的运作。在这一过程中,教师得以亲身体验企业的生产流程、管理模式及技术创新,从而积累了丰富的实践经验。这些实践经验不仅有助于教师更好地理解专业知识在实际中的应用,还为他们提供了将理论知识与实践相结合的机会,进而提升了他们的实践能力和职业素养。同时,企业中的技术专家和管理人员也被邀请进入校园,担任兼职教师或开展专题讲座,将最新的行业动态、技术前沿及实战经验带入课堂,极大地丰富了教学内容,拓宽了学生的视野。这种双向交流的机制,不仅促进了教育教学内容与产业需求的紧密对接,还提升了教师的综合素质。教师在实践中发现问题、解决问题,将实际经验转化为教学资源,使理论教学更加贴近实际,增强了教学的针对性和实效性。此外,这种实践导向的教学方式也激发了学生的学习兴趣和创新精神,培养了他们的实践能力和团队协作能力,为他们未来的职业发展奠定了坚实的基础。

更为重要的是,产教融合还推动了教师评价体系的改革。在传统的教师评价体系中,理论教学能力和科研成果往往被视为评价的重要指标。然而,在产教融合的背景下,教师的实践能力、与企业的合作成果及对学生实践能力的培养等也成了评价的重要维度。这一改革不仅更加全面地反映了教师的综合素质和贡献,也进一步激发了教师参与产教融合的积极性,促进了"双师型"教师队伍的稳定发展。

产教融合通过搭建校企合作桥梁,不仅促进了教育链、人才链与产业链、创新链的有效衔接,还为"双师型"教师队伍的建设提供了有力的支撑。这一模式的实施,不仅提升了教师的综合素质,更为培养具有创新精神和实践能力的高素质人才奠定了坚实的基础。在产教融合的背景下,"双师型"教师队伍成为连接教育与产业的桥梁,他们不仅传授知识,更引导学生将所学知识应用于实践,推动了教育与产业的深度融合与协同发展。

4.促进了人才培养方式的创新

产教融合作为一种新型的人才培养模式,极大地促进了人才培养方式的创新。它打破了传统教育与企业之间的界限,将教育教学与产业发展紧密结合,推动了人才培养方式的深刻变革。首先,产教融合强调实践导向,将企业的实际需求融入人才培养的全过程。通过与企业的深度合作,学校能够准确把握市场对人才的需求,进而调整课程设置和教学内容,确保人才培养与市场需求的高度契合。这种以市场需求为导向的人才培养方式,有效提升了学生的就业竞争力和职业发展潜力。其次,产教融合推动了校企合作育人机制的创新。学校与企业共同制定人才培养方案,共同承担教学任务,共同评价人才培养质量。这种深度合作不仅丰富了教学资源,还为学生提供了更多实践机会和职业发展路径。同时,企业专家的参与也为学生带来了更加贴近实际的教学内容和更加多元化的职业视角。最后,产教融合还促进了人才培养模式的多元化发展。根据不同行业、不同企业的需求,学校可以灵活调整人才培养方式,如订单式培养、工学交替、现代学徒制等。这些多元化的培养模式不仅满足了企业的个性化需求,还为学生提供了更加丰富的学习体验和更加广阔的职业发展空间。

(二)产教融合提升人才培养质量的表现

产教融合作为提升高职院校人才培养质量的有效策略,近年来在教育领域取得了显著成效,其深远影响体现在学生实践能力、就业竞争力、职业素养的全面提升,以及高职院校与企业间深度合作与共同发展的促进等多个维度。

第一,从提升学生实践能力的角度来看,产教融合模式通过构建全面而深入的校企合作平台,为学生铺设了一条通往企业实际项目和工作任务的桥梁。在这一平台上,学生得以将课堂上学到的理论知识与实际操作紧密结合,通过解决真实世界中的具体问题,不仅巩固了理论知识,更在实践中不断试错、反思,从而深化了对专业知识的理解。这种实践经验的积累,不仅显著提升了学生的专业技能水平,如编程、设计、分析等。更重要的是,它锻炼了学生的团队合作能力和创新精神。在实践中,学生学会了如何与他人有效沟通、协作,共同面对挑战,寻找解决方案。这些能力,如领导力、协调能力、问题解决能力等,对于其未来职业生涯的发展具有不可估量的价值,能够使学生在复杂多变的工作环境中游刃有余。

第二,产教融合在增强学生的就业竞争力方面发挥了举足轻重的作用。面对日益激烈的就业市场,高职院校通过与企业建立紧密的合作关系,及时调整人才培养方向,确保教学内容与市场需求保持高度契合。学生在校期间就能接触到最新的行业知识和技能,如人工智能、大数据分析、云计算等,这不仅使他们具备了进入职场的基本条件,更让他们在就业市场上拥有了独特的竞争优势。企业往往更倾向于录用那些已经具备一定实践经验和行业认知的毕业生,因为这些学生能够更快地适应企业文化,融入团队,为企业创造价值。因此,产教融合模式下的高职毕业生在求职过程中往往更加从容自信,能够更好地满足企业的用人需求,成为企业争相抢夺的"香饽饽"。

第三,产教融合对于提升学生的职业素养同样具有不可忽视的深远影响。在与企业合作的过程中,学生有机会深入了解企业的文化、价值观、管理模式以及职场规则,这些宝贵的体验对于塑造学生正确的职业观念、培养良好的职业道德具有积极意义。通过参与企业的日常运营和项目管理,学生能够逐步建立起对职业的敬畏之心,学会尊重规则、注重细节、追求卓越,这些品质将伴随他们整个职业生涯。同时,企业导师的言传身教也让学生深刻体会到团队合作、持续学习、勇于担当等职业素养的重要性。这些职业素养的积累,如责任感、诚信、敬业精神等,将为学生未来的职业发展奠定坚实的基础,使他们在职场中更加游刃有余,实现个人价值的同时,也为社会做出更大的贡献。

第四,显著提升了人才培养的针对性和有效性。从高职院校的角度出发,与企业的深度合作确保了教学内容的实时更新与课程体系的不断精进。这种合作模式使高职院校得以引入行业内的最新技术和知识,从而培养出既具备扎实理论基础又熟悉市场需求的高素质技术人才。这些人才不仅能够将所学知识应用于实际工作中,还能迅速适应并引领行业的发展趋势,极大增强了教育的实践性和实效性。此外,通过与企业专家的深度互动,教师们获得了宝贵的学习和实践经验,这不仅提升了他们的专业素养,也为进一步优化教学方法和内容提供了有力支持,从而全面推动了人才培养质量的整体提升,为社会输送了更多具备创新精神和实践能力的高素质人才。

四、推进区域产业发展

产教融合在推进区域产业发展方面发挥了重要作用。高职院校通过与企业的深度合作,可以为产业发展提供人才支撑,推动产业结构的优化升级,促进区域经济的持续健康发展。

第三章　我国高职院校产教融合的成效与问题

（一）推动了区域产业结构的优化升级

产教融合在推进区域产业发展中扮演着至关重要的角色，特别是在推动区域产业结构的优化升级方面，其影响力不容忽视。首先，产教融合通过精准对接产业发展需求，推动了区域产业结构的优化升级。在现代社会，产业发展日新月异，对人才的需求也在不断变化。产教融合使得高职院校能够及时了解产业需求，调整课程设置和人才培养方向，为产业提供符合需求的高素质人才。这种人才培养模式的转变，不仅提高了教育资源的利用效率，也促进了产业结构的优化升级。例如，一些地方通过产教融合，大力发展智能制造、新能源、新材料等新兴产业，推动了区域经济的高质量发展。其次，产教融合促进了技术创新和成果转化，为区域产业结构的优化升级提供了强大动力。产教融合型企业往往处于技术创新和产业升级的前沿，面临着技术创新和转化的难题。然而，通过产教融合，企业能够与高校、科研机构等建立紧密的合作关系，共同开展技术研发和创新活动。这种合作模式不仅加快了技术创新的步伐，也促进了科技成果转化应用。一些地方通过产教融合，成功推动了科技成果转化项目的落地实施，为区域经济发展注入了新的活力。再次，产教融合通过优化资源配置和提升产业竞争力，推动了区域产业结构的优化升级。产教融合使得教育资源与产业资源得到有效整合和共享，提高了资源利用效率。同时，产教融合也促进了产业间的协作与联动，提升了整个产业链的竞争力。这种资源配置的优化和产业竞争力的提升，为区域产业结构的优化升级提供了有力支撑。最后，产教融合在推动区域产业结构优化升级的过程中，还注重可持续发展和绿色转型。随着国家对环保和可持续发展的重视程度不断提高，产教融合也更加注重绿色技术的应用和推广。一些地方通过产教融合，成功推动了绿色产业的发展和转型，为区域经济的可持续发展奠定了坚实基础。

（二）促进了区域经济的持续增长

产教融合作为一种创新型的教育模式，通过教育与产业的深度合作，不仅为人才培养提供了新的路径，而且在推进区域产业发展、促进区域经济增长方面发挥了重要作用。其一，产教融合提升了人才供给质量，为区域产业发展提供了人力支撑。在产教融合模式下,学校和企业共同参与人才培养过程,根据产业发展的实际需求调整教学内容和实训项目,使得培养出的学生能够更好地适应产业发展的需要。这种精准对接产业需求的人才培养机制,提高了劳动生产率,为区域产业发展注入了新鲜血液,从而带动了经济增长。其二,产教融合推动了技术创新和转移,增强了区域产业的竞争力。在产教融合的实践中,高校和科研机构与企业紧密合作,共同开展技术研发和创新活动。这种合作模式加速了科技成果转化,将实验室的研究成果转化为生产力,提升了企业的技术水平和产品竞争力。同时,技术创新也是推动经济结构优化升级的重要力量,为区域经济的持续增长提供了动力。其三,产教融合促进了产业链的完善和升级,带动了相关产业的发展。产教融合不仅仅是人才培养和技术创新的问题,它还涉及产业链的各个环节。通过产教融合,企业可以更好地整合教育资源,培养符合产业链需求的各类人才,从而推动产业链的完善和升级。这种产业链的升级效应会扩散到周边相关产业,形成产业集聚效应,进一步促进区域经济增长。其四,产教融合带动了就业市场的繁荣,缓解了社会就业压力。产教融合模式下,学生能够在学习期间就接触到企业的实际工作环境,提高了毕业生的就业率。高就业率不仅减轻了社会就业压力,而且提高了居民的收入水平,提高了居民的消费能力,从而拉动了内需,促进了经济增长。其五,产教融合推动了区域教育和产业的良性互动,形成了可持续发展的经济生态。产教融合使得教育资源与产业资源相互促进、相互支持,形成了一个动态平衡的发展体系。这种体系能够自我调节、自我更新,为区域经济的持续增长提供了稳定的支撑。

(三)提高了区域经济的竞争力

产教融合作为一种新型的教育与产业协同发展模式,通过深度整合教育资源与产业资源,有效提升了区域经济的竞争力。第一,产教融合优化了人才培养结构,提升了劳动力素质。在产教融合的框架下,教育资源与产业需求紧密对接,高职院校能够根据产业发展趋势和企业需求,调整专业设置和课程内容,培养符合市场需求的技能型人才。高素质的劳动力队伍是区域经济发展的重要基石,能够有效提升区域经济的整体竞争力。第二,产教融合加速了技术创新和转化,增强了区域产业的创新能力。产教融合促进了企业与高校、科研机构的深度合作,共同开展技术研发和攻关,使得科研成果能够迅速转化为实际生产力。这种创新驱动的发展模式,不仅提升了企业的核心竞争力,也为区域经济发展注入了新的活力。第三,产教融合推动了产业结构的优化升级,提升了区域经济的质量。通过产教融合,区域内的传统产业得以改造提升,新兴产业得到培育发展,服务业等其他产业也得到相应提升。这种产业结构的高级化,使得区域经济更加适应市场需求,提高了经济的抗风险能力和竞争力。第四,产教融合促进了产业集群的形成,增强了区域经济的集聚效应。产教融合通过人才培养、技术研发、产业链完善等多方面的作用,吸引了相关企业和机构在区域内集聚,形成了产业集群。产业集群内部的协同效应和资源共享,大幅提升了区域经济的整体竞争力。第五,产教融合加强了区域品牌建设,提升了区域形象和市场影响力。产教融合模式下,区域内的企业和高职院校共同参与品牌建设,通过优质的产品和服务,提升了区域品牌的知名度和美誉度。良好的区域形象有助于吸引投资、促进贸易,从而提高区域经济的竞争力。第六,产教融合提高了资源配置效率,降低了企业运营成本。产教融合促进了教育资源和产业资源的有效整合,企业可以更加便捷地获取人才、技术等关键资源,降低了搜寻成本和交易成本。高效的资源配置机制,提高了企业的市场反应速度和竞争力。第七,产教融合促进了政策环境的优化,为区域经济发展提供了有力支持。产教融合的实施,往往伴随着相关政策体系的完善,如税收优惠、资金支持、人才培养等。这些政策为企业和高职院校提供了良好的发展环境,有助于提升区域经济的竞争力。第八,产教融合强化了区域内的社会网络和合作关系,促进了经济社会的和谐发展。产教融合不仅仅是经济行为,它还涉及社会、文化等多个层面。通过产教融合,区域内形成了紧密的社会网络和合作关系,这种社会凝聚力有助于应对外部挑战,提升区域经济的整体竞争力。

(四)促进了区域经济的可持续发展

产教融合作为一种教育与产业协同发展的策略,对于推动区域产业发

创新驱动发展背景下高职院校产教融合实施途径研究

展和实现区域经济可持续发展具有重要意义。第一,产教融合提高了人力资源的质量和效率,为区域经济的可持续发展提供了人才保障。通过校企合作,高职院校能够根据产业发展需求培养具备实际操作能力和创新精神的人才。这些人才不仅能够满足当前产业发展的需要,还能够为未来的技术进步和产业升级提供智力支持,从而确保区域经济的长期稳定发展。第二,产教融合推动了技术创新和产业升级,增强了区域经济的内生增长动力。产教融合模式下,企业与高校、科研机构共同开展技术研发,加速了科技成果的转化应用,促进了新兴产业的发展和传统产业的改造提升。这种创新驱动的经济发展模式,有助于减少对资源的依赖,实现经济增长方式的转变,推动区域经济向更加绿色、高效的方向发展。第三,产教融合促进了资源的合理配置和高效利用,降低了区域经济发展的环境成本。产教融合通过优化教育资源配置,提高了教育资源的使用效率。同时,企业也能够更加高效地利用教育资源进行人才培养和技术研发。这种资源的高效利用,有助于减少资源浪费和环境污染,符合可持续发展的要求。第四,产教融合加强了产业链的整合和延伸,提升了区域经济的抗风险能力。产教融合使得教育链、人才链与产业链、创新链紧密对接,形成了更加完善和稳固的产业链结构。这种结构不仅有助于提高产业的整体竞争力,还能够有效抵御外部经济波动带来的风险,保障区域经济的稳定增长。第五,产教融合推动了区域经济结构的优化,实现了经济增长与就业、社会发展的协调。产教融合通过培育新兴产业和改造传统产业,促进了经济结构的多元化,创造了更多就业机会,提高了居民收入水平,为社会发展提供了物质基础和保障。第六,产教融合强化了区域特色和优势,提升了区域经济的差异化竞争力。产教融合鼓励根据区域资源和产业特点进行特色化教育,培养具有区域特色的人才,发展具有区域特色的经济。这种差异化的发展策略,有助于区域经济在激烈的市场竞争中脱颖而出,实现可持续发展。第七,产教融合促进了社会各界的参与和支持,为区域经济发展营造了良好的社会环境。产教融合的实施需要政府、企业、学校和社会各界的共同努力,这种多方参与的合作机制,有助于形成共同的发展愿景,增强区域内的凝聚力和向心力,为区域经济的可持续发展提供坚实的社会基础。产教融合在推进区域产业发展方面取得了显著成效。通过高职院校与企业的深度合作,可以推动产业结构的优化升级,促进区域经济的持续健康发展。这种合作模式不仅提高了人才培养的质量,还促进了技术创新和产业升级,为区域经济发展注入了新的活力。未来,随着产教融合的深入推进,相信会有更多的高职院校和企业加入这一模式中,共同推动区域产业的繁荣和发展。

第二节　我国高职院校产教融合的问题

一、政策与制度层面的挑战

尽管我国政府高度重视产教融合,出台了一系列政策和制度来推动其发展,但在实际操作中,高职院校产教融合仍面临诸多政策与制度层面的挑战。具体表现为"政策宏观且缺乏具体支持""协调机构与配套制度缺位""政策执行中的'塌腰'问题"以及"制度创新与地方实践脱节"等。

(一)协调机构与配套制度缺位

在产教融合政策与制度的深入推进过程中,协调机构和配套制度的缺位无疑构成了重大的挑战,阻碍了政策的有效落地与实施。以职业院校股份制、混合所有制改革为例,这一旨在激发职业院校活力、深化产教融合的创新举措,在实际操作中却遭遇了重重困难[①]。尽管股份制、混合所有制被视为推动职业教育改革、促进产教融合的重要途径,但在具体实施时,地方政府和职业院校却面临着诸多政策与制度上的障碍。政策层面的支持尚不够明确和具体,缺乏详细的实施路径和配套措施,这使得改革难以深入进行。同时,地方政府和职业院校对于改革后的权责划分、利益分配等问题存

---

① 李付有,刘海龙,杨瑞雪.改革开放以来我国产教融合政策的演进历程、存在问题、原因分析以及改进建议[J].现代职业教育,2024(05):1-4.

在诸多疑虑，担心改革可能带来的不确定性和潜在风险，因此多持谨慎观望态度，导致改革进展缓慢。这一案例深刻揭示了产教融合政策与制度推进中的协调机构和配套制度缺位问题。缺乏专门的协调机构来统筹推进改革，导致各部门之间的沟通和协作不畅，难以形成有效的合力。各部门各自为政，政策执行中出现断裂和重复，无法形成连贯的改革体系。此外，配套制度的缺失也使得改革在实施过程中缺乏必要的制度保障和支持。例如，对于改革后的产权界定、利益分配、风险防控等问题，缺乏明确的制度规定和解决方案，使得改革难以顺利推进。

为了有效推进产教融合政策与制度的实施，必须建立健全协调机构和配套制度。通过设立专门的协调机构，加强各部门之间的沟通和协作，形成统一的改革推进体系。同时，制定完善的配套制度，明确改革后的权责划分、利益分配等问题，为改革提供必要的制度保障和支持。只有这样，才能确保产教融合政策与制度的有效落地与实施，推动职业教育与产业发展的深度融合。

（二）政策执行中的"塌腰"问题

在产教融合政策的执行过程中，一个不容忽视的问题是"塌腰"现象，它严重阻碍了政策的预期效果与实际成效之间的无缝对接。这一现象主要体现在政策落实不到位、执行力度欠缺以及评估监督机制薄弱等多个方面。首先，部分地方政府及相关部门在推进产教融合时，未能给予足够的重视和实质性的投入，导致政策在执行过程中失去了应有的力度和深度。这种轻视不仅体现在资金、资源分配的不足上，更反映在政策解读、宣传引导及实施策略上的敷衍了事，使得产教融合政策难以真正落地生根。其次，高职院校与企业在执行产教融合政策时，形式主义倾向明显，往往停留在表面文章，而未将政策精神真正融入教育实践与产业创新之中。这种走过场式的执行，不仅浪费了宝贵的政策资源，更无法有效激发产教融合应有的活力与潜力，使得政策效果大打折扣。最后，政策执行中的"塌腰"问题还突出表现在对产教融合的监督和评估机制上。尽管政策明确提出了强化行业协会在融合过程中的协调、指导、服务和评价功能，但现实情况却是，行业协会因缺乏稳定的资金支持、内部制度不健全以及管理行政化等问题①,难以充分发挥其应有的作用。这不仅削弱了监督评估的有效性,也导致了产教融合政策在执行过程中的偏差与不足,难以形成闭环的反馈与调整机制。

(三)制度创新与地方实践脱节

在产教融合这一深刻影响教育与产业融合发展的关键进程中,制度创新与地方实践之间的脱节现象成为亟待解决的重要问题。尽管国家层面已经颁布了一系列旨在促进产教融合的政策措施,旨在构建教育与产业协同发展的新格局,然而在实际的地方操作层面,这些政策往往未能充分发挥其预期效用。首先,国家层面的制度创新往往基于宏观视角,具有广泛的指导意义,但难以全面照顾到各地独特的实际情况。中国地域辽阔,各地经济发展水平参差不齐,产业结构多元,教育资源分布不均,这些因素共同导致产教融合政策在不同地区的适应性存在显著差异。一些地方在探索产教融合路径时,常常面临政策与当地实际难以契合的困境,导致政策执行效果不佳,难以达到预期目标。其次,地方在推进产教融合时,往往受限于自主权和创新能力的不足。部分地方政府和相关部门在推进产教融合时,过于依赖国家政策的宏观指导,缺乏主动创新的精神和实践能力。这种依赖心理不仅限制了地方在产教融合过程中的主动性和灵活性,也阻碍了具有地方特色的产教融合创新模式和实践经验的形成,从而影响了产教融合的整体效果和质量。因此,为了有效推动产教融合的发展,必须强化制度创新与地方实践的紧密结合。这要求我们在制定政策时,既要考虑宏观的指导性,也要注重地方的差异性和适应性,同时鼓励地方发挥主观能动性,积极探索符合本地实际的产教融合路径,以形成各具特色的产教融合新模式,共同推动教育与产业的深度融合与协同发展。

鉴于我国高职院校产教融合在政策与制度层面仍面临诸多挑战,为了有效推动产教融合的发展,政府、企业、学校等利益相关方应共同努力,加强

---

① 邓志新.OBE理念下行业协会参与职业教育的模式创新—行业学院的构建[J].职教通讯,2018(19):20-26。

创新驱动发展背景下高职院校产教融合实施途径研究

政策协调和制度创新,明确利益结合点,强化政策执行力度,推动地方实践探索和经验积累。同时,相关部门还需要加强产教融合的监督和评估机制建设,确保政策的有效落实和产教融合工作的质量和效果。

二、企业参与意愿与动力不足

企业参与产教融合的动力不足,是当前制约我国职业教育与产业发展深度融合的关键瓶颈之一。这一问题的根源复杂多样,其中"短期内难以获益""缺少培养主动权""政策保障不足"是三大核心因素,它们相互作用,共同影响了企业参与产教融合的意愿和积极性。

(一)短期内难以获益

企业在评估是否涉足产教融合这一重大战略决策时,经济效益的考量无疑占据着核心地位。然而,产教融合作为一项涉及深远影响的长期投资与规划活动,其短期内难以直观展现的直接经济回报,构成了企业参与动力不足的一个显著障碍。

首先,从资源投入的深度与广度剖析产教融合对企业的要求。产教融合作为一项系统工程,其在资源投入方面的要求颇为严苛,涵盖了人力资源、物资配备以及财务支持等多个核心维度。具体而言,企业需为实习生开放并维护一系列实践岗位,这些岗位不仅要求与企业实际运营紧密相关,还需具备一定的技术含量,以便实习生能够在实践中获得真实的技能提升。同时,企业还需配备经验丰富的指导老师,这些指导老师不仅要具备扎实的专业技能,还需拥有良好的教学能力,以便有效地将实践经验传授给实习生。此外,企业还可能需要承担包括培训费用、设备购置费用以及实习期间的额外管理费用等在内的多种额外成本。这些资源的投入,在短期内往往难以直接转化为企业的显性经济效益,反而可能因管理成本的增加给企业的日常运营带来一定的经济负担。这种投入与短期回报之间的不匹配,无疑在一定程度上削弱了企业参与产教融合的积极性,使得企业在面对这一战略决策时显得尤为谨慎。

其次,产教融合效果的显现周期及其对企业长期效益的影响。产教融

084

合效果的显现往往伴随着较长的时间跨度,这一特点使得企业在评估其参与价值时面临诸多挑战。通过产教融合模式培养的高素质技能型人才,其真正能在企业中发挥关键作用,并为企业带来显著经济效益的时间点,可能需要几年乃至十几年之久。在这一漫长的等待过程中,企业需面对市场环境的多变性、技术的迭代更新以及消费者需求的不断变化等多重不确定因素。这些不确定因素不仅可能对企业的长期效益预期产生负面影响,还可能使得企业在面对产教融合这一长期投资时产生疑虑和不确定性。因此,如何平衡短期经济效益与长期人才培养之间的关系,成为企业在参与产教融合过程中必须面对的重要课题。

最后,企业在参与产教融合时所需承担的创新风险及其应对策略。产教融合往往伴随着新技术的研发与应用,这一过程蕴含着高度的不确定性和风险性。企业需在未知的市场和技术环境中进行探索与尝试,这不仅要求企业具备足够的勇气和决心,更需投入大量的资源和时间进行技术研发和市场测试。然而,在短期经济效益难以显现的背景下,企业在面对创新风险时往往表现得更为谨慎和保守①。这种保守态度不仅可能阻碍企业在新兴技术和市场领域的拓展,还可能使得企业在面对产教融合这一重要战略机遇时错失良机。因此,如何构建有效的创新风险管理机制,降低企业在参与产教融合过程中的创新风险,成为企业在制定产教融合战略时必须考虑的关键因素。同时,企业还需加强与高校、科研机构等外部合作伙伴的沟通与协作,共同应对产教融合过程中的挑战与风险。

(二)缺少培养主动权

在产教融合的实践探索中,企业对于人才培养的主动权与控制权的缺失,成为制约其积极参与的关键瓶颈之一。相较于职业院校在人才培养领域所构建的相对独立且完备的教育体系,企业在这一进程中往往被置于辅助与配合的位置,难以充分施展其在人才培养上的主观能动性。

尽管国家政策层面积极倡导并鼓励企业深度介入人才培养方案的规划

---

① 刘慧敏.产教融合动力机制现状及策略研究[D].浙江师范大学,2019.

与实施,但在实际操作层面,企业往往难以触及人才培养的核心环节。例如,在课程设置、教材内容的编纂以及教学方法的选择等关键环节上,企业的声音往往只能以建议或意见的形式存在,而无法直接参与到决策过程中,对培养方案产生实质性影响。这种被动地位无疑削弱了企业在产教融合进程中的参与感与话语权,导致其积极性受挫。

更为关键的是,企业对人才培养主动权的缺失,直接影响了其通过产教融合获取与自身需求高度契合的人才的可能性。职业院校在人才培养上的独立性与自主性,使得其培养目标与企业的实际需求之间难免存在差异。这种差异导致企业难以通过产教融合途径精准获取所需人才,进而降低了其参与产教融合的内在动力。

此外,企业在产教融合中所面临的另一个挑战是人才流失的风险。由于职业院校的学生在学业完成后拥有更为广阔的就业空间与选择权,企业往往难以通过产教融合机制锁定这些学生成为其正式员工。这种潜在的人才流失风险,使得企业在参与产教融合时更加审慎与保守,不愿轻易投入过多资源与时间,以免面临投资无法收回的局面。

(三)政策保障不足

政策保障不足也是导致企业参与产教融合动力不足的重要原因之一。尽管国家出台了一系列鼓励和支持产教融合的政策措施,但在实际操作中,这些政策往往难以得到有效落实和执行。

首先,政策配套措施缺乏具体性和可操作性。虽然国家鼓励企业参与产教融合,但在具体的政策措施上往往缺乏明确和具体的指导。例如,在税收优惠、资金扶持等方面,政策往往只提供了大致的方向和原则,而缺乏具体的实施细则和操作流程。这使得企业在参与产教融合时难以获得实质性的政策支持和保障。

其次,政策执行力度不足。由于产教融合涉及多个部门和机构的协作和配合,而各部门和机构之间往往存在职责不清、利益冲突等问题,导致政策在执行过程中难以得到有效落实。例如,在资金扶持方面,由于资金来源渠道不明确、审批流程烦琐等问题,企业在申请资金扶持时面临诸多困难和障碍。这种政策执行力度不足的情况使得企业在参与产教融合时感到无助和失望。

最后,政策缺乏持续性和稳定性。由于产教融合是一个长期而复杂的过程,需要持续的政策支持和保障。然而,在实际操作中,政策往往缺乏持续性和稳定性,导致企业在参与产教融合时难以形成稳定的预期和规划。例如,一些政策在出台后不久就被修改或废止,使得企业在参与产教融合时不得不频繁调整自己的策略和计划。这种政策缺乏持续性和稳定性的情况使得企业在参与产教融合时更加谨慎和保守。

企业在参与产教融合时面临着短期内难以获益、缺少培养主动权和政策保障不足等多重困境,这些困境导致企业参与动力不足,虽然政府一再倡导、学界一直呼吁,但产教融合中职业院校"剃头挑子一头热"的局面未根本改观[①]。为了激发企业参与产教融合的积极性,需要从多个方面入手,包括完善政策体系、加大政策执行力度、提高政策的持续性和稳定性等。同时,还需要加强校企之间的沟通和协作,建立更加紧密和稳定的合作关系,共同推动产教融合向更高水平发展。

三、教育体制与产业需求不匹配

在我国高职院校的产教融合进程中,教育体制与产业需求之间的不匹配问题日益凸显,成为制约产教融合深入发展的关键因素。这一问题具体体现在"教育内容与产业需求脱节""教育教学方法与产业需求不匹配"以及"教育周期与产业发展速度不匹配"三大方面,严重阻碍了高职教育与产业发展的有效对接。

首先,教育内容与产业需求脱节的问题尤为突出。当前,高职院校的教学内容往往基于传统的学术性标准制定,未能充分反映产业发展的实际需求。以人工智能、大数据等热门行业为例,这些行业对人才的需求日新月

---

① 李付有,刘海龙,杨瑞雪.改革开放以来我国产教融合政策的演进历程、存在问题、原因分析以及改进建议[J].现代职业教育,2024(05):1-4.

异,要求从业者具备前沿的技术知识和实践能力。然而,部分高职院校的课程设置和教学大纲却未能及时跟进,依然侧重于传统理论知识的传授,导致学生所学知识与行业需求之间存在明显的差距。这种脱节不仅影响了学生的就业竞争力,也制约了产业的高质量发展。

其次,教育教学方法与产业需求不匹配的问题同样不容忽视。传统的教育教学方法以课堂为中心,注重理论知识的传授,而缺乏与产业界深度对接的实践教学模式。这种教学模式导致学生难以获得实际操作能力,无法满足产业对人才的需求。相比之下,产业界更加注重实践能力和创新精神的培养,要求从业者能够迅速适应工作环境,解决实际问题。然而,高职院校在这方面的教育教学方法相对滞后,缺乏与产业界的紧密合作,导致学生难以获得足够的实践锻炼机会。

最后,教育周期与产业发展速度不匹配的问题也值得深思。高职院校的教育周期相对较长,一般为三年或四年。然而,在快速发展的产业环境中,新技术、新工艺不断涌现,使得产业对人才的需求也在不断变化。因此,高职院校的教育周期往往难以适应产业发展的速度,导致学生在毕业后难以找到与所学专业相匹配的工作岗位。这种不匹配不仅增加了学生的就业压力,也影响了产业的持续发展和创新能力的提升。

为了有效解决这些问题,高职院校应加强与产业界的合作与交流,深入了解产业发展的实际需求,及时调整教学内容和教学方法。同时,高职院校还应积极探索灵活多样的教育模式,如校企合作、工学交替等,以缩短教育周期,提高教育质量与效率。此外,政府和社会各界也应加大对高职教育的支持力度,为产教融合提供有力的政策保障和资金支持。只有这样,才能推动高职教育与产业发展的深度融合,实现教育与产业的共赢发展。

四、产教融合缺乏有效沟通机制

在我国高职院校产教融合的深入实践中,"产教融合缺乏有效的沟通机制"已成为制约其高效推进的一大障碍,这一问题的具体表现涵盖了"合作双方信息不对称""校企定向交流机制缺失""沟通渠道不畅通"以及"合作决策协同性不足"等多个层面,深刻影响着产教融合的深度与广度。

在"合作双方信息不对称"的问题上,高职院校与企业之间往往存在着信息传递的壁垒,导致双方的需求与供给难以精准对接。高职院校可能未能及时掌握企业最新的技术发展趋势和具体的人才需求变化,而企业也可能对高职院校的教学资源、科研成果及人才培养能力缺乏全面了解。这种信息不对称不仅限制了双方合作的深度和广度,还可能导致资源的错配和浪费,严重影响了产教融合的有效实施和预期效益的实现。

在"校企定向交流机制缺失"方面,产教融合的成功推进离不开校企双方的密切沟通与协作。然而,在实际操作中,往往缺乏稳定、定期的交流机制,使得双方难以就合作计划、实施方案及存在的问题进行深入探讨和共同解决。例如,一些高职院校与企业虽然签订了合作协议,但在后续的执行过程中,由于缺乏有效的交流机制,导致合作计划难以落实,合作效果大打折扣。这种交流机制的缺失,不仅影响了双方合作的积极性和信任度,也阻碍了产教融合向更高层次、更广领域的拓展。

在"沟通渠道不畅通"的问题上,产教融合的沟通渠道应当多元化、高效化,以适应双方合作的需求。然而,在实际操作中,往往存在着沟通渠道单一、效率低下的问题。一些高职院校与企业之间的联系方式仅限于传统的电话或邮件,缺乏高效、便捷的线上沟通平台,导致信息传递不及时、不准确,沟通效率低下。这种沟通渠道的不畅,不仅增加了双方合作的成本,也影响了合作效率和质量的提升。

在"合作决策协同性不足"方面,产教融合的合作决策应当具有高度的透明度和协同性,以确保双方对合作进展和效果有清晰的认识和判断。然而,在实际操作中,往往存在着决策过程不透明、协同性不足的问题。一些高职院校在与企业合作时,缺乏明确的合作计划和目标,也没有及时公开合作进展和成果,导致双方对合作效果存在疑虑和误解。这种决策协同性的不足,不仅影响了双方合作的稳定性和可持续性,也制约了产教融合向更深层次、更宽领域的发展。

五、产教融合缺乏有效监管和评估机制

在高职院校产教融合的实践中,"监管与评估机制的缺失"问题逐渐浮出水面,成为制约其深入发展的核心瓶颈之一。这一缺失不仅影响了政策的执行效力,还使得产教融合的成效难以得到科学、准确衡量,进而加剧了信息不对称,阻碍了合作双方建立稳定、长期的伙伴关系。

监管机制的不足,如同一道无形的障碍,直接阻碍了产教融合政策的有效实施。产教融合政策的出台,原本旨在搭建起高职教育与产业界之间的桥梁,促进人才培养规格与产业升级需求的精准对接,实现教育与产业的良性互动与共同发展。然而,在实际操作过程中,由于缺乏强有力的监管措施,一些高职院校和企业在面对政策要求时,往往采取消极应付的态度,甚至不惜铤而走险,采取违规操作的手法,以追求眼前的短期利益。这种行为模式不仅严重削弱了政策应有的引导、支持和保障作用,更对产教融合的声誉造成了难以估量的损害,进一步降低了社会各界对这一创新模式的信任度和参与度。

与此同时,评估机制的缺失也成了制约产教融合深入发展的另一大瓶颈。一个科学、合理且完善的评估体系,是检验产教融合实际效果、发现存在问题并推动持续改进的关键所在。然而,当前我国在产教融合评估领域尚处于起步阶段,尚未建立起一套全面、系统且具备可操作性的评估机制。这不仅导致对产教融合的实际效果无法进行准确、客观的量化分析,更使得存在的问题和不足难以被及时发现和有效纠正。在这种情况下,政策的调整和优化便失去了有力的数据支撑和决策依据,产教融合的发展也因此陷入了盲目性和随意性的困境。

更为严重的是,监管与评估机制的缺失还进一步加剧了产教融合过程中的信息不对称问题。信息不对称是导致合作双方难以建立稳定、长期合作关系的重要因素之一。在缺乏有效的监管和评估机制的情况下,高职院校和企业在产教融合中的具体表现往往难以被外界全面、真实地了解。这不仅增加了合作双方之间的信息壁垒和沟通成本,还可能引发信任危机和

合作关系的破裂。当一方对另一方的行为模式和实际贡献缺乏足够的了解和信任时,双方的合作意愿和动力便会大打折扣,产教融合的成效也就无从谈起。

此外,监管和评估机制的缺失犹如为不法行为打开了方便之门,容易诱发腐败和利益输送等问题滋生蔓延。在产教融合的过程中,若缺乏有效的监管机制,部分高职院校和企业可能会趁机利用职权或掌握的资源,为个人或小团体谋取私利,这种行为严重违背了产教融合的初衷,破坏了教育领域的公平与正义。

第四章　区域创新系统理论建构

第一节　理论基础

一、战略联盟理论

(一)战略联盟理论的内涵与特征

"战略"(strategy)一词有两层含义:一是指导战争全局的计划和策略;二是泛指国家、政党对全局性问题的谋划,在一定历史时期内具有相对稳定性,通过策略手段逐步实现。[1]这两层含义具有一致性,均指"全局性的谋划",只不过前者限定于"战争领域",后者的适用范围更为宽泛。在一般意义上,"战略"的含义应为"全局性的谋划",具有"对抗性""计划性""全局性"和"长远性"的特征。[2]"计划性""全局性"和"长远性"直接体现了"战略"的概念内涵。"联盟"一词来自英文"alliance"或"coalition",其最基本的含义是双方或多方为了达到一定目标而产生的相互联系,常被视为处理某类不确定性的机制。

"战略联盟"概念最早由美国DEC公司总裁简·霍普兰德(J.Hopland)和管理学家罗杰·奈格尔(R.Nigel)提出,他们认为,战略联盟是两家或多家有共同目标和相当实力的企业,通过协议合作,共享市场、资源,互补功能,共担风险,促进生产要素流动的非紧密合作模式。蒂斯(Teece)把战略联盟定

---

① https://cidian.51240.com/zhanlue__cidianchaxun/.
② 负晓哲.战略联盟理论与实践[M].北京:经济科学出版社,2006:32.

义为两个或多个合作伙伴致力于集中资源并协调其行动,以实现共同的目标的行为。[①]斯图尔特(Stuart)和托比(Toby E)等学者认为,战略联盟是参与企业根据其现有资源禀赋的差异性,以资源互补性、互惠互利为原则追求共同利益的一种行为。[②]保罗·比米什(Paul W. Beamish)和彼得·凯林(Peter Killing)等学者认为,战略联盟是一种弥补交易合同不完备性的治理结构,是管理企业能力结构的一种特殊系统。[③]西尔拉(Sierra)等学者认为,战略联盟是竞争性联盟,是由实力雄厚、相互竞争的公司组成的企业或伙伴关系。[④]随着学界对"战略联盟"现象的关注,我国学者也对战略联盟的概念做出分析和探讨。张延锋等人把战略联盟定义为由两个或两个以上具有共同战略利益的企业(或其他组织),为了实现增强竞争优势的战略目标,通过各种协议或契约结成的优势互补、资源共享、风险共担、生产要素水平式双向或多向流动的合作模式。[⑤]

综上所述,战略联盟的特征包括资源互补性、目标共赢性、长期合作性、战略协作性和组织灵活性。它是多个组织为增强竞争力,基于资源互补和互惠原则建立的长期契约合作关系。战略联盟可按不同标准分类:按目标分为技术开发、合作生产及市场推广联盟;按投入分为资源型和能力型联盟;按运作方式分为静态联盟与动态联盟;按动力来源分为市场驱动型和行政引导型联盟。

(二)战略联盟形成的依据

1.交易成本理论

交易成本理论深刻揭示了市场运作的内在成本结构,这些成本包括寻找交易对象的成本、达成交易协议的签约成本,以及确保协议得以履行的监

---

① Teece D J . Competition,*cooperation and innovation*[J]. 1992,18(1):1-25.

② Stuart,Toby E (1998), Network positions and Propensities to collaborate:An investigation of strategic alliance formation in a high technology industry. *Administrative Science Quarterly*. Vol.43,p.668.

③ Paul W. Beamish,J. Peter Killing.*Cooperative Strategies: European Perspectives*[M].The new Lexington Press.1997:3-49.

④ 何畔.战略联盟:现代企业的竞争模式[M].广州:广东经济出版社,2000:50.

⑤ 张延锋,刘益,李垣.国内外战略联盟理论阐释评述[J].科学学研究,2003(01):75-79.

督成本。为了有效降低这些成本,企业之间往往会通过缔结"盟约",形成紧密合作的联盟性组织,以此实现资源的统一协调与优化配置。在市场交易的复杂环境中,不确定度、交易频率以及资源的特殊性等因素,共同影响着交易结构的匹配规则。当这些因素均处于较低水平时,市场作为经典的合同关系监管结构,成为最适宜的匹配选择。然而,当这些指标显著上升时,则更倾向于形成统一的规则结构,即企业形式。而在这两者之间,存在着一种"准一体化的规制结构"——战略联盟。这种组织形式巧妙地融合了市场机制与企业机制的优点,同时有效弥补了两者的不足,从而实现了交易成本的最小化。战略联盟不仅避免了企业建立过程中高昂的产权交易成本,还显著降低了市场交易中的不确定性。更重要的是,通过对企业核心竞争力的战略整合,战略联盟能够充分发挥其整体优势,实现资源的最优配置与利用。因此,战略联盟已成为现代企业中一种重要的组织形式,为企业的可持续发展注入了新的活力。

2.资源基础理论

资源基础理论强调,企业所掌握的有价值资源往往具备稀缺性、差异性和不可替代性,这些资源的积累与交易对于企业的战略发展至关重要。在资源获取方面,虽然市场为企业提供了一定的途径,但并非所有资源都能轻易通过市场获得。特别是那些与企业生存发展紧密相连的资源,它们可能深深植根于企业的组织制度之中,或与其他资源相互依存,难以从市场中单独获取。为了获取这些关键资源,企业往往选择通过建立战略联盟的方式来实现。战略联盟使企业能整合内外资源,创造更大价值,提升市场竞争力。其理论基础在于核心资源的稀缺性与独特性,单一资源难以确保竞争优势。因此,企业需通过结盟获取多元资源,强化综合实力以应对激烈的市场竞争。战略联盟不仅为企业提供了获取关键资源的途径,还促进了企业之间的合作与共赢,推动了整个行业的健康发展。

3.组织学习理论

组织学习理论认为,企业构建战略联盟的核心驱动力之一在于追求宝贵的学习机遇。掌握独特创新知识能显著提升企业的市场地位,因此,企业倾向于结盟以获取这类知识。随着科技飞速发展,知识技术更新加速,新知识、新技术层出不穷,竞争日益复杂,研发成本大幅上升。企业面临巨大学习压力,若不能持续进步,则可能被市场淘汰。当前,知识技术日益分化,专门技术分散且深植于组织程序和文化中,难以通过市场交易获得,单个企业难以全面掌握某领域技术,技术创新难度增加。为应对挑战,企业选择结盟,共创友好学习环境,促进知识分享与流动,实现相互学习、共同进步。战略联盟不仅促进了技术交流与合作,还提升了联盟企业的创新能力和行业技术水平。通过结盟,企业能更有效地获取和利用外部知识资源,加速技术创新与产业升级,从而在市场竞争中保持优势。

4.社会交换理论

社会交换理论深刻揭示了战略联盟的本质,视其为联盟伙伴间基于深厚关系的社会交换行为。这种合作模式促进了组织间的紧密联系和资源共享,增强了合作的稳定性、信任感和安全感。在社会交换的过程中,组织的社会地位和声誉成为构建战略联盟的关键因素。交流与合作不仅具有经济意义,更蕴含了深远的社会价值。拥有高社会地位、良好声誉和和谐关系的组织,其社会信任度更高,对现有及潜在的联盟伙伴更具吸引力,有利于战略联盟的形成。值得注意的是,尽管社会交换理论与交易成本理论在某些方面看似相似,但两者存在显著差异。在理论基础上,社会交换理论侧重于通过社会关系交换减少经营不确定性,而交易成本理论则关注通过优化资源配置降低交易费用。在战略联盟的理解上,社会交换理论强调组织间社会关系的深化与交换,而交易成本理论则聚焦于交易方式的优化。社会交换理论为我们理解战略联盟提供了新的视角,凸显了组织间社会关系在联盟构建与发展中的核心作用。

二、"三螺旋"理论

(一)"三螺旋"理论的起源与发展

"三螺旋"理论是一个理论框架,它阐述了在社会创新体系中,政府、企业及大学三者间如何相互依赖、彼此作用并协同推动社会以螺旋式上升的方式实现创新发展。这一理论的构建并非一蹴而就,而是经历了一段复杂且逐步深化的认知历程。在学术史上,"三螺旋"的概念最初起源于生物学。具体而言,1952年2月1日,两位杰出的科学家——美国化学家、加州理工学院的林纳斯·鲍林(Linus Pauling)教授及其同事罗伯特·B.科里(Robert B. Corey)在《美国科学院学报》上发表了一篇题为《核酸的假设结构》的文章,其中提出了一个假说,认为脱氧核糖核酸(DNA)由三条链构成,这些链相互缠绕形成绳状螺旋结构,即所谓的DNA三链模型。然而,这一理论很快迎来了挑战与更新。仅仅一年多后,即1953年4月25日,英国卡文迪许实验室的两位青年才俊,詹姆斯·沃森(James Watson)与弗朗西斯·克里克(Francis Crick),在《自然》杂志上发表了一篇名为《核酸的分子结构》的论文,提出了一个全新的DNA双链螺旋模型。这一模型迅速获得了广泛认可,并成为DNA结构的正统解释,其重要性在1970年得到了诺贝尔生理学或医学奖的肯定。双螺旋可以在环境中稳定地演化,"三螺旋"可能会包含各种混乱行为,但"三螺旋"模型在诸如结晶学和分子生物学中研究复杂的转型过程还是有用武之地的。[1]

美国遗传学家、哈佛大学教授理查德·列万廷(Richard Lewontin)最先使用"三螺旋"来模式化基因、组织和环境之间的关系[2],在《三螺旋:基因、生物体与环境的交织》一书中,理查德·列万廷运用"三螺旋"理论探讨了基因、生物体与环境间的互动。他主张生物不仅能适应环境,还能选择、塑造环境,此能力内嵌于基因之中。因此,这三者构成了一种辩证的、相互缠绕的螺旋关系,彼此互为因果。基因和环境是生物的"因",而生物是环境的"因",同时,基因通过生物的"介导"成为环境的"因"。[3]

纽约州立大学石溪分校的亨利·埃茨科瓦兹与荷兰阿姆斯特丹大学的勒特·雷德斯道夫,运用"三螺旋"模式深入剖析了大学、产业与政府间的动态关

---

① Loet Leydesdorff. The mutual information of university-industry-government relations: An indicator of the Triple Helix dynamics[J]. *Scientometrics*, 2003, 58(2).

② 边伟军,罗公利.基于三螺旋模型的官产学合作创新机制与模式[J].科技管理研究,2009,29(2).

③ 方卫华.创新研究的三螺旋模型:概念、结构和公共政策含义[J].自然辩证法研究,2003(11):69-72.

系。埃茨科瓦兹率先提出此理论,随后两人于1995年在《EASST Review》第14
期上发表了题为"三螺旋——大学、产业、政府关系:知识经济发展的实验室"
的论文摘要,收录于《大学和全球知识经济:三螺旋关系探索》一书中,标志着
"三螺旋"理论的正式形成。自此,该理论作为创新研究的新范式,在国际学术
界产生了广泛影响,并日益受到重视。到目前为止,关于这一理论已经举行了
六次国际学术会议,"三螺旋"理论对政策和发展实践的影响越来越大。[①]

(二)"三螺旋"理论的核心观点

"三螺旋"理论强调,在知识经济中,大学、产业与政府间的互动对优化创
新环境至关重要。[②]这三者作为核心要素,需协同合作,促进知识的生产、转
化、应用及产业升级,于动态发展中完善创新体系。大学以其知识储备、研发
设施及创新能力,成为新知识与技术的源头;产业负责物质产品与服务的供
给,并承担部分技术创新;政府则作为管理者,保障大学与产业间的稳定交流,
提供并执行制度,推动制度创新。三者在创新体系中分工明确,又紧密合作,
基于功能差异的合作尤为关键。有学者指出,政府、企业与大学的"重叠"是创
新系统的核心,其联系加速了知识的创造与传播。[③]"三螺旋"理论要求三类机
构保持开放边界,在一定程度上扮演其他机构的角色,同时保持自身特色,从
而放大各自功能,实现整体效能最大化。因国家制度差异,大学-产业-政府
关系模式呈现多样性:国家社会主义模式下,国家主导学术界与产业关系;自
由放任模式下,各领域独立,互动较少;重叠模式(即典型"三螺旋"模式)下,政
府、产业与大学角色交叉,形成混合组织,是最为发达的形式。

(三)"三螺旋"理论的贡献与局限性

1."三螺旋"理论的贡献

"三螺旋"理论因其在思想和实践上的重要价值,被广泛应用于理论构建

---

① 武汉市机械工业促进办公室课题组.三螺旋理论视角下武汉先进制造业产学研结
合调查[J].长江论坛,2009(1):19-24,31

② 亨利·埃茨科瓦兹.国家创新模式:大学、产业、政府"三螺旋"创新战略.周春彦译
[M].北京:东方出版社,2014:3-4.

③ 边伟军,罗公利.基于三螺旋模型的官产学合作创新机制与模式[J].科技管理研
究,2009,29(2).

与实际探索中。此理论不仅推动了理论层面的创新与实际应用的进步,彰显了其独特的理论优势与贡献,同时也揭示了一些自身存在的局限与不足。其优势在于紧跟知识创新发展的新动向,为高职院校创新发展指明了前进方向,并丰富了创新系统理论的内涵。

"三螺旋"理论预见性地把握了知识创新发展的新方向。知识创新是人创造历史的一种活动方式,是社会进步的一个重要参数。[①]知识创新作为推动社会进步的关键要素,与人类的生产、生活方式紧密相连,而生产方式则最终决定了知识创新的特点。在渔猎与农业社会,知识创新与社会生产相对独立,知识内容多源于宗教或权威,且创新规模有限。进入工业社会前期,随着生产力提升,生产方式复杂化,知识含量增加,知识创新与社会生产的联系日益紧密,促使教育体系变革,如公共教育普及和研究型大学兴起。到了工业社会后期及信息社会,生产方式更加复杂,知识深入融入生产,两者需紧密互动,这要求政府介入以提供制度与管理支持。"三螺旋"理论强调大学、政府与产业间的紧密合作与互动,精准捕捉了知识创新的发展方向,推动了相关理论与实践的进步。

"三螺旋"理论为研究型大学指引了新的发展方向。该理论认为,大学不仅在理论研究上拥有独特优势,还具备技术实践和商业化开发的潜力,预示着它们将在区域经济和社会发展中扮演愈发重要的角色,成为创新体系的核心力量。[②]回溯历史,自1088年意大利博洛尼亚大学成立以来,大学已历经近千年演变。传统上,大学教育倾向于"精英模式",强调象牙塔内的自由学术追求,与职业导向相对分离。[③]

随着社会生产的进步,生产方式的知识密集度日益提升,对知识的依赖愈发强烈。同时,知识的内容与形式也与社会生产愈发紧密相连,这对精英

---

① 颜晓峰.知识创新:实践的诠释[J].哲学动态,2000(05):16-20.

② 蔡翔,王文平,李远远.三螺旋创新理论的主要贡献、待解决问题及对中国的启示[J].技术经济与管理研究,2010(01):26-29.

③ 李树英.未来的大学和大学的未来:大学发展的国际前瞻[J].大学教育科学,2018(03):20-24.

化的高等教育模式提出了挑战,使得象牙塔式的学术研究难以适应现代社会的需求。在此背景下,大学作为知识创造的核心机构,须积极应对环境变化,明确其功能定位与价值所在。因此,大学需主动加强与产业界的联系与合作,利用自身在知识创造上的优势,协助产业界解决问题。此举既能增强知识的实用性和普及性,又能提升知识生产的效率。

"三螺旋"理论对研究型大学的功能与定位具有前瞻性的洞察,为这类大学的发展路径提供了明确指引,不仅催生了众多创业型大学,还促使传统高校优化办学模式,提升了教育质量。此外,该理论极大地丰富了创新系统理论的内容。作为研究国家创新系统的重要视角,"三螺旋"理论聚焦于大学、企业等活跃的创新主体,并着重强调大学、企业与政府间的有效协作,深入揭示了创新的内在机制,准确反映了创新的时代走向。相较于以往的创新理论,"三螺旋"理论不仅在微观层面剖析了创新的构成要素与运作机制,还在宏观层面明确了创新主体的类别、职责、定位以及互动原则与方向,为创新系统理论的发展带来了新动力,展现出其全面且深刻的理论价值。

2."三螺旋"理论的局限性

"三螺旋"理论在理论层面存在某些局限性和不足。首先,其理想化色彩较重,对大学、企业、政府等主体的要求较为严苛。特别是在大学方面,该理论期望大学拥有高水平的应用技术研究能力,以便与产业界有效互动。然而,现实是研究型大学仅占大学总数的一小部分,且其中应用技术研究出色的更是凤毛麟角。因此,大学与产业的互动大多局限于少数名校,如美国的麻省理工学院、斯坦福大学以及新加坡南洋理工大学等,这使得该理论对于大多数高校而言缺乏实践指导意义。

此外,"三螺旋"理论在内容构建上略显空洞。虽然该理论明确了大学、企业、政府三者的基本定位和职能,并鼓励它们密切合作、有序互动,为创新系统中的协作指明了基本方向,但在具体操作层面却缺乏详细的指导思想和原则思路。这种理论内容的缺失不仅扩大了"三螺旋"理论的适用范围,也增加了其应用难度,要求理论应用者在实际情境中根据具体情况灵活补充理论内容,以提升其实践价值。

三、知识生产模式理论

随着社会生产的进步,大学与外界的互动愈发频繁,这促使大学知识创造的方式不断演变。至今,大学的知识创造历程已历经两大阶段:第一阶段是侧重于单一学科研究的知识生产模式Ⅰ,第二阶段则是强调跨学科融合的知识生产模式Ⅱ。当前,大学正迈向一个以"超学科探索"为显著标志的新阶段,即知识生产模式Ⅲ。

（一）知识生产模式Ⅰ与特征

1.知识生产模式Ⅰ概述

知识生产模式Ⅰ,亦被视作经典知识生产模式,其核心在于学科导向的知识创造。学科的概念源远流长,早在古希腊时期,学者们已初步尝试对"知识"进行分类,诸如哲学、数学、医学、法学及逻辑学等学科的雏形开始显现。然而,这些早期分类基于先民对世界的基本认知,尚缺乏严谨的学科逻辑体系和规范的学科制度,故不能算作真正意义上的学科。真正意义上的传统学科知识生产模式,其诞生标志是17—18世纪新型学科组织的出现,如英国皇家学会和法国科学院的成立。[①]1810年,德国柏林大学的创立,在知识生产模式演进历程中占据了举足轻重的地位,进一步推动了传统学科知识生产模式的深化。

柏林大学通过引入"讲座制"等一系列制度创新,将大学的知识创造活动纳入"组织化"与"制度化"的框架,加速了学科知识的细化与学术领域的繁荣。随后,美国大学实施的系科制改革,虽将传统学科知识生产模式推向了高峰,但同时也引发了学科过度细分的问题,这对知识的创新与发展构成了阻碍,为知识生产模式Ⅰ带来了前所未有的挑战,同时也为知识生产新模式的萌芽奠定了基础。

2.知识生产模式Ⅰ的特征

知识的创造主体趋向专业化和组织体系的构建。传统的知识生产方式

---

① 王晓玲,张德祥.试论学科知识生产的三种模式[J].复旦教育论坛,2020,18(02):12-17.

根植于知识内部逻辑的高度分化,这一过程不仅促进了知识的深化与专业化发展,还加剧了知识与社会实际应用的疏离,同时不同学科间的界限也日益鲜明。这种趋势强化了对知识生产者的专业技能要求,促使知识创造机构对学者的管理方式向更为系统化的组织形态演变。最初,学者们可能处于相对独立的"学术小团体"状态,享受着自由探索的乐趣;随后,他们开始以讲座教授为核心,形成了一定规模的学术组织;最终,这些组织进一步演化为具有院系所层级结构的科层体系,标志着知识生产活动在组织层面达到了新的高度。[①]

在传统知识生产模式中,知识创造的宗旨倾向于内在与理想化。其核心目的在于拓展认知边界、创新知识体系,并通过对既有知识的审视与反思,修补知识架构中的不足,以期构建一个更为完备、科学与合理的知识体系。这一过程中,知识生产的核心驱动力纯粹源于对知识本身的追求,而非其他外在目标,呈现出一种"为求知而求知"的纯粹性,致力于探索抽象的"真理"。如洪堡所说,"当科学似乎多少忘记生活时,它才常常会为生活带来至善的福祉"。[②]

传统知识生产模式的显著特征为活动规范化与制度化。从创意萌发到学术成果诞生,再到发表、评价及学者晋升,每一步骤均遵循既定流程,且各学科流程各异。学术作品需遵循既定范式以获得发表,进而获得学术认可与晋升,增强学术影响力。此过程中,制度严格约束学者行为,规范知识生产。

此外,知识生产过程趋于封闭与孤立。在传统模式下,知识生产局限于学术圈,与社会脱节,学科间亦缺乏交流,呈现"各自为政"的状态。学科间壁垒森严,学校知识生产对社会发展的影响力有限。

(二)知识生产模式Ⅱ与特征

1.知识生产模式Ⅱ概述

全球教育事业的蓬勃发展将知识生产模式Ⅰ推向了其发展的高峰,但

---

① 白强.大学知识生产模式变革与学科建设创新[J].大学教育科学,2020(03):31-38.

② 陈洪捷.德国古典大学观及其对中国的影响[M].北京:北京大学出版社,2002:30.

創新驅動發展背景下高職院校產教融合實施途徑研究

同時也暴露了該模式的潛在危機：管理制度日益僵化，學術研究與社會的距離逐漸拉大，學者的自主研究空間不斷被壓縮；學科細分導致研究視野受限，重大理論突破和創新愈發困難。面對這一日益嚴峻的危機，知識經濟和全球化的興起催生了新的知識生產模式。

在科學探索領域，學科界限被率先打破，跨學科研究應運而生，其表現形式包括理論、方法的跨領域借鑒，多學科綜合性研究，以及不同學科的整合形成交叉學科。同時，大學與社會的界限也被打破，知識生產過程從孤立走向聯合，開始關注市場需求和國家發展戰略，服務國家和社會發展的重大需求成為大學科研的新趨勢。高校、政府與企業等社會主體在科研中形成了緊密的互動關係，共同推動了知識生產的"三螺旋"模式。

這些變化不僅促進了知識生產主體和知識管理制度的革新，還使得知識生產主體更加多元化，知識管理方式更加靈活。斯坦福大學作為這一模式的典範，將大學的知識生產與國家戰略和市場需求緊密結合，改革了知識生產管理制度，構建了務實高效的知識創新體系，推動了高科技產業的快速發展，從而成為研究型大學中的後起之秀和創業型大學中的璀璨明星。

2.知識生產模式Ⅱ的特徵

知識生產的主體日益多元化且注重協作，不再僅僅局限於高校學者，而是擴展到了包括政府行政人員、企業工程師和技術人員等在內的更廣泛的社會角色中。"三螺旋"模型恰如其分地描繪了知識生產模式Ⅱ的這一特徵，其中高校、政府與企業之間形成了緊密且有效的合作與互動。

在知識生產的目的上，也呈現出應用化和市場化的趨勢。不再僅僅是為了追求知識本身，而是更加注重知識的實際應用價值，特別是與市場需求相契合的價值。為此，許多大學設立了中介組織，以協調社會主體需求與學校知識生產之間的關係，引導學者們的研究方向更加貼近實際應用。

知識生產過程也變得更加開放。一方面，學科之間的界限被打破，不同學科之間可以針對具體問題進行相互借鑒和融合，這有利於創新活動的展開和新思想、新技術的產生。另一方面，高校也不再封閉於象牙塔內，而是積極與政府、企業等市場主體進行互動，以促進知識的生產。這種開放不僅使生产的知识更具社会价值,还有助于提高知识生产的质量和水平,进而推动创新驱动发展理念的实现和高新技术产业的发展。

（三）知识生产模式Ⅲ及特征

1.知识生产模式Ⅲ概述

随着科技的飞跃和社会文明的提升,特别是信息技术的革新与公民意识的增强,人类的探索边界不断延伸,从宇宙的奥秘到生命的起源,皆成为研究的焦点。科学探索的复杂性日益增加,知识生产的任务愈发艰巨,参与主体趋向多元化,组织方式也变得更加复杂多变。这些变化促使学者们深入思考知识生产模式的未来走向,并基于当前发展态势和变革逻辑,对知识生产模式Ⅲ进行了前瞻性构想。

据学者们的预测,知识生产模式Ⅲ是一个依托于多层次、多形态、多节点、多主体以及多边互动的知识创新系统的集合体。它以"集群""网络"和"生态系统"为核心理念,强调大学、产业、政府及公民社会等不同实体间以灵活多样的方式实现协同创新。该模式在价值观上聚焦于社会公众利益,在技术手段上则重视构建知识生产的"集群""网络"和"生态系统"。其中,"集群"指的是高校、企业、科研机构、政府、中介机构及其他社会组织在知识生产、传播与应用过程中的紧密互动与高效合作,共同形成一个组织联合体。"网络"则用于描述知识生产各要素间相互作用、相互连接、相互补充和相互强化的有机体系,既涵盖集群内部不同主体间的关系,也涉及不同集群间的联系。"生态系统"则是一个包含多层次、多形态、多节点和多主体的系统网络,由"创新元网络"和"知识元集群"等组合而成,形成一个自我参照且混沌分开的知识创新体系。

这些知识生产的发展趋势在多个维度上超越了知识生产模式Ⅱ,众多学者已对此进行了详尽的描述与分析。华盛顿大学的伊莱亚斯·卡拉扬尼斯(Elias G. Carayannis)教授等人更是将这一趋势命名为"知识生产模式Ⅲ",并深入阐述了其相关概念和思想体系。

2.知识生产模式Ⅲ的特征

在知识生产模式Ⅲ中,知识生产的主体呈现出显著的"集群化"特征,相较于模式Ⅱ,其多元化程度进一步提升。除了传统的高校、政府和企业,社会公众这一非传统主体也加入其中,极大地增强了知识生产的参与力量。社会公众这一范畴广泛涵盖了基金会、行业协会、非政府组织等多种实体。这些主体的深度参与,而非浅尝辄止,表明知识生产活动对于主体的多元性和协作性提出了更高的要求。它们与高校、政府、企业紧密合作,共同构建了一个高度协同的"四重螺旋"结构,形成了一个高效运作的知识创新集群。

知识生产目的的"社会性"。社会公众的参与使知识生产走向更加广阔的社会领域,涉及更广泛的生产主体,知识创新的社会文化氛围更加浓厚。[①]随着"新知识"社会意义的日益凸显,知识生产的目的逐渐超越了单一的功利性追求,转而向公共性和公益性的价值层面升华。尽管当前的知识生产仍受到功利性因素的驱动,但其社会性目的却愈发显著。在此背景下,"追求公共价值"和"履行社会责任"成为知识创新的重要导向和动力源泉。此外,知识生产主体的多元化趋势使得各主体间形成了相互制衡的局面,这有效防止了知识生产活动被某一特定群体所垄断,从而进一步强化了知识生产目的的社会性特征。

知识生产活动"协同化"。这一模式中的知识生产过程变得更为开放,吸引了更多元化的主体参与,并且这些主体之间建立了紧密且深入的合作关系。知识生产系统通过多边、多形式、多节点、多层次的互动,强调了大学、企业、政府以及社会公众之间的协同创新。这一过程中,知识生产主体之间的竞争合作、功能互补以及协同提升的逻辑机制,驱动着知识生产资源的生成、分配和使用,进而形成了形态各异的创新网络和知识集群,实现了知识创新资源的动态整合与优化。简而言之,知识生产的过程就是系统内各相关主体相互关联、相互影响、共同进步,携手探索"新知识"的协同合作过程。

知识生产过程"循环化"。知识生产模式Ⅲ还呈现出"循环化"的特点。在这一模式下,知识生产的过程并不随着知识产品的发布而终结,而是持续

---

①白强.大学知识生产模式变革与学科建设创新[J].大学教育科学,2020(03):31-38.

关注知识的应用与修正环节。知识生产者会根据知识应用的实际效果以及社会公众的需求反馈,对知识进行改进和优化,并在下一个生产周期中产出更加完善的知识产品,形成一个不断循环改进的知识生产流程。

（四）三类知识生产模式特点的比较分析

知识生产模式Ⅰ,作为最为古老且紧密关联学科的知识生产体系,其特点在于主体的固定性与单一性,主要由职业学者构成,其动机偏向于理想化,即追求知识本身的价值。知识生产活动主要局限于学科内部,具有高度组织化和制度化的特征,产出的知识多为理论性和编码化的知识。因此,该模式也被称作传统或学科知识生产模式。知识生产模式Ⅱ则呈现出明显的多样性和异质性,其主体不再局限于学者,还包括企业人员等,其动机更为务实和功利。知识生产的范围跨越了学科界限,跨学科或交叉学科研究成为主流趋势,活动的灵活性显著提升。其所生产的知识主要为应用技术知识,通常是默会知识经过编码后的新形态。由于该模式打破了学科壁垒,因此也被称为跨学科知识生产模式。而知识生产模式Ⅲ在模式Ⅱ的基础上进一步拓展,主体更加多元化,新增了"媒体和文化公众"以及"公民社会"的参与。其动机逐渐转向强调公共利益和社会责任,知识生产的场域已拓展至整个社会。该模式依托于知识创新的"集群""网络"和"生态系统",所生产的知识兼具理论性和应用性,是编码知识与编码后默会知识的结合体,具有较强的社会性。由于超越了学科、高校、企业和政府的界限,这一模式被誉为"超学科知识生产模式",代表着知识生产的国际前沿趋势,对推动尖端科研成果的产出具有重要意义。

四、创新系统理论及创新系统要素

（一）创新系统理论概述

随着知识经济全球化的不断深化,创新已成为衡量国家竞争力的核心要素,区域创新议题因此成为各国政策制定者与学术界的聚焦热点。在此背景下,一系列相关研究议题如"国家创新系统""区域创新系统""新产业区"及"创新集群"等应运而生,其中,"区域创新系统"研究尤为成熟,形成了

创新驱动发展背景下高职院校产教融合实施途径研究

广受关注且应用广泛的区域创新系统理论,成为剖析区域创新问题的核心理论框架。

追溯创新系统理论的起源,可至熊彼特(Schumpeter)于1912年提出的创新理论,该理论强调经济发展的本质是持续创新。随后,1987年,弗里曼(Freeman)提出了国家创新体系的概念,将其视为公共与私人部门交互作用的网络。1992年,库克(Cooke)正式提出了区域创新系统(Regional Innovation System, RIS)的概念。1996年,库克在其著作《区域创新系统:全球化背景下区域政府管理的作用》中深入阐释了区域创新系统的内涵,指出其是由地域内的高等教育机构、研究机构及生产企业等构成的区域组织系统,各要素间的相互作用推动创新产生。此后,阿什海姆(Asheim)、卡尔松(Carlsson)等学者对区域创新系统进行了更为深入的探索。综合来看,区域创新系统的概念涵盖以下关键要素:地域空间范畴、创新主体的角色与功能、创新主体的组织结构及空间布局、创新主体与环境间的互动及其对区域的影响,以及创新系统的有效运作与可持续发展能力。

区域创新系统理论在我国区域创新系统研究与发展中发挥了重要作用。王缉慈[1]、陈光[2]、张丰超[3]、罗守贵[4]、顾新[5]等最先引进区域创新系统理论,之后越来越多的研究关注理论的运用,并对广东高新技术园区、中关村、粤港高新技术新区等产业园进行分析。黄鲁成将区域创新系统界定为:在特定经济地域内,涵盖所有与创新活动紧密相关的核心要素、辅助要素,以及用于协调这些要素间关系的制度与政策网络结构。[6]胡志坚将区域创新

---

[1] 王缉慈.发展高技术产业与地方创新环境[J].科学中国人,1996(11):52.

[2] 陈光,王永杰.区域技术创新系统研究论纲——兼论中国西部地区的技术创新[A].中国软科学研究会.第二届中国软科学学术年会论文集[C].中国软科学研究会:中国软科学研究会,1998:7.

[3] 张丰超,王德禄,郭宏峰.区域创新:区域经济发展的不竭动力[J].未来与发展,1999(05):14-15.

[4] 罗守贵,甄峰.区域创新能力评价研究[J].南京经济学院学报,2000(03):31-35.

[5] 顾新.区域创新系统的运行[J].中国软科学,2001(11):105-108.

[6] 黄鲁成.关于区域创新系统研究内容的探讨[J].科研管理.2000,21(2):43-48.

系统描述为一个旨在创造、积累及转移知识与技术的创新网络体系。该体系由大学、企业及研究机构等核心组件构成,并依赖于中介机构的广泛参与以及政府的适度介入来确保其有效运作。[①]

　　总体而言,区域创新系统是一个由多元创新主体,如政府、企业、高等院校及中介机构等,在特定社会活动领域内构成的复杂网络和组织架构。这个系统融合了知识、技术、服务等多个创新要素,形成了一个相互关联、彼此影响的综合体系。区域创新系统的运作是一个不断演进的过程,其创新活动深受区域经济环境、社会文化背景的交互作用与影响。

　　(二)创新系统构成要素

　　区域创新系统是一个多行为主体相互依存、共同推动创新进程的综合体系。创新政策在此体系中不仅聚焦于提升创新能力,还着重促进知识在各参与者间的流通。魏格(Wiig,1995)指出,该系统的参与者涵盖了生产企业集群、教育机构、研究机构、政府机构以及创新服务机构等多个层面。而Kiryushin(2013)则进一步细分了区域创新系统的组成部分,包括知识产生与传播子系统(涉及研究机构、技术中介、劳动力中介及教育机构)、知识应用与开发子系统(主要由地区内企业构成)、区域政策子系统(地方政府及其政策导向)、社会文化因素(涵盖正式与非正式方面),并强调了外部因素对系统的影响。

　　黄鲁成对区域创新系统的构成提出了见解,他认为该系统主要包括四个子系统:创新主体子系统、创新基础设施子系统(涵盖技术标准、数据库、信息网络及科技设施等)、创新资源子系统(涉及人才、知识、专利、信息及资金等资源),以及创新环境子系统(包括政策法规、管理体系、市场与服务环境等方面)。[②]官建成将区域创新系统视作一个涉及创新投入与产出的体系,其中人力与财力是主要的投入资源,而创新则是期望的产出结果。他主张,通过深入分析创新系统中的知识流动、资金流动以及创新环境如何影响

---

① 胡志坚,苏靖.区域创新系统理论的提出与发展[J].中国科技论坛,1999(06):21-24.

② 黄鲁成.关于区域创新系统研究内容的探讨[J].科研管理.2000,21(2):43-48.

各要素间的相互作用,可以进一步研究各区域创新系统的创新能力及其决定要素、创新绩效及其关键影响因素等方面,从而全面把握各区域创新系统的实际状况。[①]综上所述,区域创新系统的构建至少涵盖以下关键元素:创新主体(诸如政府、高等教育机构、科研机构及企业等)、创新资源(包括知识、技术、服务及制度规范)、创新支持机构(如中介服务机构),以及创新生态环境(涉及区域经济背景、社会制度框架及文化氛围等)。

第二节　分析框架建构

一、高校战略联盟

高校战略联盟的形成依据其机理,主要包含两方面:一是高职院校间为资源共享而结盟,二是高职院校与其他高校就知识传播与应用建立联盟。

高职院校内部结盟旨在"互学共进",通过资源共享、信息互通形成战略伙伴关系。合作机制涵盖资源共享与科研协作两方面。

资源共享机制在高职院校联盟中扮演着至关重要的角色,其目的在于全面提升联盟院校的教育质量和学生的竞争力,其内容主要涵盖了三个关键方面。其一是师资共享机制。师资共享是资源共享机制的核心之一。高职院校联盟可以积极构建师资队伍建设保障机制,通过引进具有丰富实践经验的企业专家作为教师,进一步优化师资结构。这些专家不仅能够带来行业前沿的知识和技能,还能有效提升学生的实践应用能力。同时,联盟内的教师也可以通过交流和培训,不断提升自身的专业素养和实践能力。其二是教学资源共享机制。教学资源共享也是资源共享机制的重要组成部分。联盟内可以建立精品课程共享平台,将各校优秀的教学资源集中展示,

---

① 官建成,刘顺忠.区域创新系统测度的研究框架和内容[J].中国科技论坛,2003(02):24—26.

方便师生查阅和学习。这不仅可以促进各校间的教学交流，还能有效避免资源的重复建设。同时，为了保护知识产权和提高教师参与共享的积极性，联盟应制定完善的知识产权保护政策和激励机制。其三是实习实训资源共享机制。实习实训资源共享是提升学生实践能力和就业竞争力的有效途径。高职院校联盟可以整合各校的实习实训基地资源，并与企业合作，为学生提供更多实践机会。通过参与实际项目和企业实践，学生能够更好地了解行业需求和职业规范，从而在未来的就业市场中更具竞争力。

科研合作机制是高职院校联盟的重要纽带，对于联盟院校的科研水平提升、产教融合优化具有重要意义，其内容也涵盖了三个方面。第一是科研团队共建。科研团队共建是科研合作机制的基石。各校可以充分发挥自身的研究优势，打破学科和专业壁垒，共同组建跨学科、跨专业的科研团队。这样的团队不仅能够汇聚多方智慧，共同应对复杂科研挑战，还能在合作中促进学术交流和知识共享。通过共同承担重大科研项目，团队成员可以携手攻克科研难题，推动科技进步和创新发展。第二是科研项目合作。科研项目合作是科研合作机制的重要组成部分。联盟院校可以通过联合申报各级科研项目，实现资源共享和风险共担。这不仅有助于降低科研成本和提高科研效率，还能促进各校之间的科研交流和合作。在合作过程中，各校可以相互借鉴和学习先进的科研方法和经验，共同提升科研水平。第三是科研成果共享。科研成果共享是科研合作机制的又一关键环节。联盟应建立科研成果共享平台，促进科研成果的推广和应用。通过共享平台，各校可以展示自身的科研成果，吸引更多企业和投资者的关注和合作。同时，联盟还可以推动科研成果的转化和产业化，为社会和行业提供更多有价值的创新成果。这不仅有助于提升高职院校的社会影响力和竞争力，还能加强产学研结合，推动高职教育与地方经济的深度融合。

除了高职院校间的内部联盟，它们还需与其他高校结盟，旨在资源共享、学术交流及合作研究，全面深化产教融合。与高职院校内部结盟相比，跨类型高校联盟在结盟机制上有所不同：在资源共享上，其他高校更多地向高职院校开放资源，如图书馆、实验室等；在科研合作上，其他高校往往引领

创新驱动发展背景下高职院校产教融合实施途径研究

高职院校,如提供教师进修机会;而在科研成果转化上,高职院校则助力推广其他高校,尤其是研究型大学的成果;在人才培养上,研究型大学可以参与高职院校人培方案的规划与设计,并提供必要的实习实训资源。

总体而言,高职院校与其他高校形成的战略联盟,与政府部门、产业界及中介机构积极互动,共同构建更广泛的高校战略联盟网络。

二、"四螺旋"模型

高职院校携手其他高校构建高校战略联盟,此联盟进而与政府、企业融合,形成创新体系的"三螺旋"架构。随后,这一架构与技术交易中介、风险投资及创新孵化等中介组织紧密协作,演进为创新的"四螺旋"模式。在此框架下,存在六组核心关系:高校战略联盟与企业、政府、中介组织的交互,企业与政府、中介组织的联系,以及政府与中介组织的互动(详见图4-1)。接下来,将对这六组关系进行深入探讨与分析。

在创新驱动发展的大背景下,高校与企业的关系密切,企业不仅为高校提供了创新成果的应用平台,而且为大学生提供了实习实训的场地。同时,一些企业还为高校提供了办学经费支持。对于高职院校来说,企业具有特殊的意义,不仅能为高职院校人才培养提供实习实训平台,而且还应深度参与到人才培养的全过程中,为高职院校的专业设置、发展定位建言献策,为高职院校的人才培养方案制定、课程资源开发、教学方法创新出工出力等。同时,企业还在解决高职毕业生就业问题中发挥着主导作用。

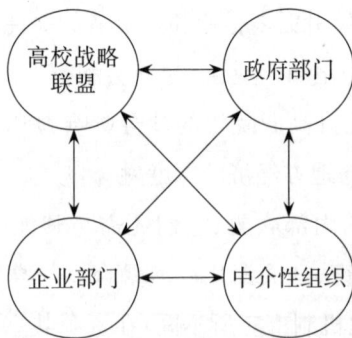

图4-1 "四螺旋"模型

政府在创新体系中扮演着至关重要的角色,不仅是高校的管理主体,更是创新资源的供给者、政策制定者和需求引导者。因此,政府需转变职能,从单纯的管理者转变为积极参与者,不仅提供资金和资源支持,还需为高校创新发展提供战略指导和制度保障,推动产教融合与科教融合的深入发展。

虽然中介性组织不直接参与创新活动,但它们在创新体系构建和产教融合项目实施中发挥着桥梁和纽带作用,是连接创新主体的关键"触媒"。例如,科技交易中介能高效地将高校科研成果推向企业,创新孵化平台则能将新技术转化为高科技企业。因此,高校在构建知识创新体系时,应加强与中介性组织的合作,利用它们的信息资源、资金资源和产业界的社会关系资源,这对高职院校产教融合模式的创新发展具有深远影响。

三、"五螺旋"创新系统理论

"四螺旋"创新系统理论综合性地描绘了创新系统的构成元素及其运作机制,并精准聚焦于核心要素与逻辑主线,对探究区域创新系统具有显著价值。然而,该理论根植于创新实践的总结,前瞻性略显不足,亟须与其他理论结合以增强其预见能力。相对而言,知识生产模式理论从历史维度审视知识创新,不仅回顾了知识生产的传统形态,还前瞻性地预测了知识创新活动的未来走向。其中,知识生产模式Ⅲ作为该理论的最新进展,基于知识生产的历史趋势,大胆预设了未来知识生产的核心逻辑与基本形态,为知识创新活动的模式革新与管理变革提供了导向。但模式Ⅲ较为抽象且基于理论推演,缺乏实证基础。因此,知识生产模式Ⅲ与"四螺旋"创新系统理论应相互借鉴,结合研究目的与创新实践的时代要求,融合形成推动知识创新发展的综合性理论框架。

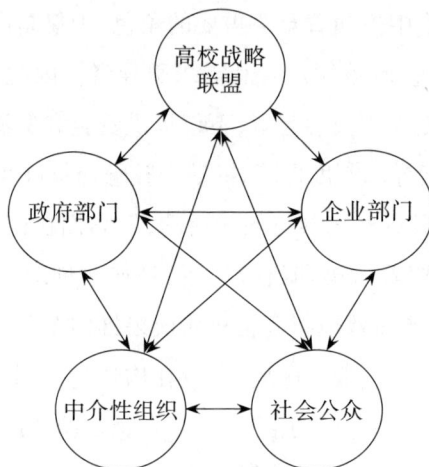

图 4-2 "五螺旋"模型

在价值观上,知识生产模式Ⅲ倡导知识生产应服务于社会公共利益,凸显"社会公众"在知识创造过程中的重要性。在技术实践层面,该模式强调构建知识创新的"集群化""网络化"及"生态系统化"架构。依据"四螺旋"区域创新系统理论,创新活动是一个由高校、企业、政府及"中介组织"等多元主体,在区域创新系统内紧密合作、动态交互的过程,这一过程不断促进区域创新系统的丰富、完善与优化。其中,"集群"与"网络"概念,是对这些创新主体合作形式与互动规范的内在要求。

综合上述分析,知识生产模式Ⅲ与"四螺旋"创新系统理论的交融,催生了"五螺旋"创新系统理论(见图4-2),该理论框架包含五大核心螺旋:高校、企业、政府、中介组织及社会公众。这一"五螺旋"创新系统理论,为解析并指导高职院校产教融合模式的创新实践提供了坚实的理论基础。

第三节 分析框架要求

结合知识生产模式理论、"三螺旋"理论以及战略联盟理论所构建的"五螺旋"创新系统理论,为高职院校产教融合模式的创新实践提供了理论支撑与分析框架。依据此框架的结构特性,对高职院校产教融合模式创新实施的分析可从两大维度展开:一是聚焦于高校战略联盟的内部运作,二是拓展至高校战略联盟的外部环境。

一、高校战略联盟内部的要求

(一)高职院校学校内部

创新驱动发展的大背景下,高校战略联盟作为推动教育创新与技术进步的重要平台,其中高职院校内部各部门的协调合作显得尤为重要。这不仅关乎联盟运作的流畅性和高效性,更是实现教育资源共享、促进产学研深度融合的关键所在。为了优化高职院校在联盟中的运作,要做好以下四个方面的工作。一是明确各部门的职责分工。每个部门都应清晰地认识到自己的角色和任务,确保在联盟的各项工作中能够各司其职,既不过度干预也不留下盲区,从而避免资源的浪费和效率的低下。二是建立有效的沟通机制。建立有效的沟通机制是保障联盟运作顺畅的关键。通过定期召开部门联席会议,各部门可以分享工作进展、交流经验,共同面对并解决问题。这种开放、透明的沟通方式有助于增进部门间的理解和信任,为后续的协作打下坚实基础。在创新活动方面,各部门间的紧密协作和相互配合至关重要。尤其是在跨部门创新项目中,各部门应打破壁垒,共同探索新的合作模式和路径,以推动项目的顺利实施和成果的快速转化。三是资源共享。资源共享也是提升高职院校创新活力的重要手段。通过整合校内的教学资源、科研资源和师资力量,不仅可以提高资源的利用效率,还能有效降低创新成本,为学校的长远发展注入新的动力。四是建立激励机制。为了激发各部门参与联盟工作的积极性,高职院校还应建立完善的激励机制。通过设立奖励制度、提供晋升机会等方式,激发员工的创新热情和参与热情,为联盟的持续健康发展提供有力保障。

(二)高职院校学校之间

在创新驱动发展的背景下,高校战略联盟成为推动科技创新和人才培养的重要平台。联盟内部的高职院校应突出优势、加强合作,齐心协力改善

创新驱动发展背景下高职院校产教融合实施途径研究

高职院校人才培养生态,提升人才培养质量。首先,高职院校应明确各自的优势和特色,实现错位发展。通过资源共享、优势互补,形成协同效应,避免同质化竞争。同时,加强学科交叉与融合,共同攻克关键技术难题,提升整体创新能力。其次,建立健全沟通协作机制。定期召开联盟会议,分享经验、交流信息,共同探讨发展策略。建立项目合作机制,鼓励师生开展跨校合作研究,促进知识流动和技术转移。再者,强化人才培养合作。通过联合培养、互派教师、共享课程资源等方式提高人才培养质量。同时,加强实践教学和创新创业教育,培养学生的创新精神和实践能力。最后,营造良好的合作氛围。各高职院校应秉持开放、包容、共赢的合作理念,相互尊重、相互支持。加强校园文化建设,形成共同的价值观念和文化认同,增强联盟的凝聚力和向心力。

（三）高职院校与其他高校之间

在高校战略联盟中,以研究型大学为代表的其他高校在科学研究、社会服务和创新创业方面具有较为突出的优势,对于高职院校具有较强的示范和引领作用。高职院校在高校战略联盟中应审时度势、抓住机遇、多管齐下,系统地处理好与其他类型高校的关系。一是明确定位和优势。高职院校与其他院校应明确各自的定位与优势。高职院校通常侧重于职业技能培训和应用型人才培养,而其他院校可能在基础科学研究和理论创新方面更具优势。双方应相互尊重、相互学习,避免同质化竞争,而是实现错位发展,共同构建多元化的创新生态。二是建立合作机制。建立紧密的合作关系是推动联盟发展的关键。高职院校与其他院校可以通过建立定期交流机制,分享最新的科研成果、教育教学方法和行业动态。同时,双方可以开展合作项目,如联合申报科研项目、共同开发课程、开展学生交流计划等,以加强实质性的合作。三是探索资源共享机制。在资源共享方面,高职院校与其他院校可以互相开放图书馆、实验室等教学资源,实现资源的优化配置和高效利用。此外,双方还可以共同搭建科研平台,共享科研设备和技术,提高科研水平和创新能力。四是强化人才培养机制。高职院校与其他院校应加强合作,共同探索人才培养新模式。例如,高职院校可以邀请其他院校的专家教授来校授课,或选派学生到其他院校进行短期交流学习。同时,双方可以共同开发课程,结合各自的优势资源,培养学生的综合素质和创新能力。

二、高校战略联盟外部的要求

(一)高校战略联盟与企业之间

高校战略联盟与企业都是高职院校产教融合中的关键角色,二者的关系处理对推进产教融合实施模式创新至关重要,一般应处理好以下几个方面的关系。一是建立互信互利的合作伙伴关系。高校战略联盟应与企业建立长期稳定的合作关系,确保双方都能从中受益。通过相互信任,双方方可以共同探索和实施创新的教育模式和产业项目。二是共同制定人才培养及教学计划。高校战略联盟应与企业共同制定产教结合的人才培养及教学计划,确保所培养的人才符合企业的实际需求。这种合作模式有助于实现教育与产业的紧密对接,提高人才培养的针对性和实效性。三是加强科研与产业的深度合作:高校战略联盟应与企业加强科研与产业的深度合作,共同推动科技创新和产业发展。通过合作开展科研项目,共同解决技术难题,推动科研成果的转化和应用,实现资源共享、互利共赢。四是拓展学生实习实践渠道。高校战略联盟应与企业合作,为学生拓展实习实践渠道。通过建立实习基地,为学生提供更多的实习机会,提高学生的实践能力和就业竞争力。同时,企业也可以通过实习实践选拔优秀人才,为企业的发展注入新的活力。五是加强师资队伍建设。高校战略联盟应与企业共同加强师资队伍建设,提高师资队伍的整体素质和专业水平。通过邀请企业技术人员来校授课或指导实习,搭建师生和企业技术人员之间的交流平台,促进双方资源的共享和互动。

(二)高校战略联盟与政府之间

政府不仅是教育事业的管理者,也是教育活动的重要参与者,特别是在创新活动中,政府的作用尤为重要。在推进产教融合实施模式创新进程中,高校战略联盟应妥善处理与政府的关系,充分发挥政府的作用,具体应处理好以下方面的关系。一是明确双方角色定位:高校战略联盟应专注于人才培养、科研创新和技术服务,而政府则应提供政策引导、资金支持和环境营造。双方应明确各自的角色定位,形成优势互补、协同发展的良好局面。二是建立有效沟通机制。高校战略联盟与政府之间应建立便捷、高效的信息沟通机制,确保双方能够及时了解对方的需求和动态。政府可以搭建信息交流和服务平台,促进联盟各成员之间以及与政府部门之间的有效沟通。三是协同制定政策措施。政府在制定产教融合相关政策时,应充分征求高校战略联盟的意见和建议,确保政策符合实际、具有可操作性。同时,高校战略联盟也应积极响应政府政策,推动产教融合向纵深发展。四是共同推动项目实施。政府可以通过项目资助、税收优惠等方式,支持高校战略联盟开展产教融合项目。高校战略联盟应积极参与项目实施,确保项目质量和效果,同时向政府反馈项目进展情况和经验做法。五是加强监管与评估。政府应加强对高校战略联盟及其项目的监管与评估,确保资金使用合规、项目进展顺利。同时,高校战略联盟也应建立自我评估机制,不断提高自身的管理水平和服务质量。

(三)高校战略联盟与中介组织之间

中介组织是区域创新体系中的重要角色,高校战略联盟在实施创新驱动发展进程中应与中介组织建立紧密的合作关系,通过明确各自的角色、建立合作机制、加强信息沟通、共同推动项目实施和加强监管与评估等方式,共同推动高职院校产教融合实施模式创新。一是双方应明确各自角色。高校战略联盟应专注于产教融合的教育教学、科研创新和技术服务,提供人才培养和技术支持;中介组织作为协调者,连接高校战略联盟、企业、科研机构等各方,提供信息沟通、资源整合和项目管理等服务。二是建立合作机制。高校战略联盟与中介组织应建立长期稳定的合作关系,共同制定合作框架和协议,明确合作目标、内容和方式。双方可以共同组织产教融合项目,中介组织协助高校战略联盟与企业、科研机构等建立联系,促进资源共享和优势互补。三是加强信息沟通。中介组织应建立有效的信息沟通渠道,及时向高校战略联盟提供市场动态、企业需求、政策变化等信息。高校战略联盟也应通过中介组织了解企业的实际需求和困难,有针对性地调整教学内容和研究方向。四是共同推动项目实施。中介组织可以协助高校战略联盟进行项目策划、申报、实施和评估等工作,确保项目质量和效果。高校战略联盟可以借助中介组织的资源和服务优势,降低项目实施成本,提高项目成功率。五是加强监管与评估。高校战略联盟和中介组织应建立项目监管和评估机制,确保项目按照计划进行,达到预期目标。双方可以共同制定评估标准和指标,对项目进行定期评估和总结,及时发现问题并采取措施加以改进。

(四)高校战略联盟与社会公众之间

为了推动高职院校产教融合实施模式创新,高校战略联盟应与社会公众建立良好的关系。通过明确社会公众的角色与期望、加强信息公开与沟通、提高社会公众的参与度和建立反馈与监督机制等措施,实现产教融合模式的可持续发展和共赢。在"明确社会公众的角色与期望"方面,社会公众作为高职院校产教融合模式的受益者和监督者,对教育质量、毕业生就业和区域经济发展等方面有着高度的关注和期望。高校战略联盟应深入了解社会公众的需求和期望,将其纳入产教融合模式创新的考虑之中。"加强信息公开与沟通"可以通过两种方式进行:一是建立有效的信息公开机制,定期向社会公众发布产教融合项目的进展、成果和影响等信息,提高透明度;二是借助媒体、网络等渠道,加强与社会公众的互动和交流,收集他们的意见和建议,作为改进工作的依据。"提高社会公众的参与度"是处理好与社会公众关系的重要措施,具体措施包括两个方面:一是鼓励社会公众参与产教融合项目的策划、实施和评估等环节,如邀请公众参与项目评审、提供实践机会等;二是通过开展科普活动、公益讲座等方式,普及产教融合的理念和知识,提高社会公众的认知度和参与度。"建立反馈与监督机制"不仅是对社会公众的尊重,而且是吸收社会公众智慧的重要手段,具体包括设立专门的反馈渠道,方便社会公众对产教融合项目的质量和效果进行监督和评价;对社会公众的反馈信息进行及时分析和处理,作为改进工作的依据,并将改进结果反馈给社会公众,等等。

第五章 基于创新系统的高职院校产教
融合路径创新方案

基于"'五螺旋'创新系统理论"对高职院校产教融合的环境与过程进行分析,梳理出"高职院校与研究型大学的协作关系""高职院校与政府的协作关系""高职院校与企业的协作关系""高职院校与中介机构的协作关系""高职院校与社会公众的协作关系"五对协作关系。

第一节 高职院校与研究型大学的协作关系

高职院校与研究型大学开展协作是产教融合路径创新的重要一环。通过资源共享、人才培养、科研创新和社会服务等方面的深度合作,可以实现优势互补和互利共赢。

一、资源共享,实现优势互补

高职院校与研究型大学作为高等教育体系中的两大支柱,各自承载着不同的教育使命与社会责任,它们在资源禀赋上的差异化分布为构建资源共享机制提供了坚实的基础和迫切的需求。

高职院校以其独特的定位,专注于职业技能培养与实际应用能力的提升,长期以来积累了丰富的实践教学资源和深厚的行业企业联系。这些资源包括但不限于先进的实训基地、模拟工作环境,以及与企业合作开发的实训课程和项目,为学生提供了从理论到实践无缝对接的学习平台。此外,高职院校还拥有一支与企业紧密合作的师资队伍,他们不仅具备扎实的专业知识,更拥有丰富的行业经验,能够有效指导学生解决实际工作中遇到的问题。相比之下,研究型大学则在科研设备、学术资源和师资力量等方面展现出无可比拟的优势。它们拥有高精尖的科研实验室、海量的图书资料与电子数据库,以及由国内外顶尖学者组成的教师团队。这些资源为开展前沿科学研究、培养高层次创新人才提供了强有力的支撑。研究型大学的学生和教师可以自由探索学术前沿,参与国际交流,不断拓宽学术视野,推动知识创新与技术进步。

鉴于双方资源的互补性,高职院校与研究型大学建立资源共享机制显得尤为必要且迫切。通过这一机制,高职院校可以邀请研究型大学的教授和专家担任客座教授或兼职教师,不仅为学生带来最新的学术动态和研究成果,还能通过他们的指导,提升学生的理论素养和科研能力。同时,共享实验室、图书馆等科研设施,将极大地拓宽高职院校学生的实践领域和学术探索空间,使他们有机会接触到更高水平的科研设备和资源,从而激发创新思维,提升实践能力。

更进一步,双方合作开展产学研项目,是实现资源共享、优势互补的重要途径。通过联合研发新技术、新产品,不仅可以促进科技成果的快速转化,还能有效推动相关产业的升级换代,为社会经济发展注入新的活力。在此过程中,高职院校可以发挥其与行业企业联系紧密的优势,为研究项目提供市场需求导向和实际应用场景,而研究型大学则能贡献其科研实力和创新能力,共同推动产学研深度融合,形成互利共赢的良好局面。

二、人才培养,探索协同育人

高职院校与研究型大学在人才培养方面的协同育人模式,是新时代高等教育发展的重要趋势,旨在通过深度合作,实现教育资源的优化配置,培养出既具备扎实理论基础又拥有卓越实践能力的复合型人才。这一模式不仅促进了双方教育优势的互补,也为社会输送了更多适应未来行业需求的高素质人才。

（一）明确培养目标与规格

在协同育人的框架下,高职院校与研究型大学首先需要共同制定人才培养方案,明确人才培养的总体目标和具体规格要求。这一过程中,双方应充分沟通,结合各自的教育优势和社会需求,设定科学合理的培养目标。高职院校强调职业技能和实践能力的培养,而研究型大学则侧重于学术素养、创新思维和科研能力的培养。通过融合双方的教育理念,可以设计出既注重实践技能又兼顾理论深度的课程体系,确保学生既能掌握实用的职业技能,又能具备较高的学术素养和创新能力。

(二)课程体系优化与教学方法创新

在课程设置方面,高职院校可以积极引入研究型大学的优质课程,如高等数学、物理、化学等基础学科课程,以及专业前沿讲座、学术研讨会等,以此提升学生的学术素养和创新能力。同时,双方可以合作开发跨学科课程,打破传统学科界限,培养学生的综合素质和跨界思维。例如,将工程技术与管理学、信息技术与艺术学等相结合,设计出具有创新性和实用性的课程,让学生在多元学科的交融中拓宽视野,提升解决问题的能力。

教学方法的创新同样重要。高职院校可以借鉴研究型大学的教学方法,如问题导向学习(PBL)、翻转课堂、项目式学习等,以激发学生的学习兴趣和主动性。同时,双方可以共同开发线上线下混合式教学资源,利用现代信息技术手段,实现优质教育资源的共享,提高教学效率和质量。此外,研究型大学的教师可通过远程授课、现场指导等方式参与高职院校的教学活动,为学生提供更广阔的学术视野和更深入的学术指导。

(三)实践教学活动的深度合作

实践教学是高职教育的重要组成部分,也是培养学生实践能力和创新思维的关键环节。研究型大学拥有先进的科研平台和丰富的实践资源,可以为高职院校的学生提供实践基地和实习机会。通过参与研究型大学的科研项目、实验室工作,学生可以深入了解行业前沿技术和企业实际需求,提升解决实际问题的能力。

高职院校与研究型大学还可以合作开展课程设计、课程实验和毕业设计等实践教学环节。高职院校负责提供实践场景和具体任务,研究型大学则提供理论指导和技术支持,共同设计具有挑战性和实用性的实践项目。

这种合作模式不仅增强了学生的实践能力,还促进了理论与实践的深度融合,为学生未来的职业发展奠定了坚实基础。

（四）创新创业教育的联合推进

在创新创业教育方面,高职院校与研究型大学同样可以发挥各自优势,共同推动学生创新创业能力的提升。研究型大学拥有丰富的创业指导资源和深厚的学术背景,可以为学生提供创业政策解读、市场趋势分析、商业模式设计等方面的指导。高职院校则以其与企业的紧密联系,为学生提供行业洞察和市场需求信息,帮助学生在创业过程中更好地把握市场机遇。

双方可以合作开展创业项目孵化和创业竞赛等活动,激发学生的创业热情和创新能力。通过设立创业基金、提供创业孵化空间、举办创业论坛和创业训练营等,为学生搭建起从创意到实践的桥梁。同时,双方还可以共同建立创业导师团队,邀请成功企业家、投资人、学者等担任创业导师,为学生提供一对一的指导和支持,助力学生实现创业梦想。

三、科研创新,推动产业升级

在当今全球科技创新竞争日益激烈、产业升级需求迫切的背景下,高职院校与研究型大学在科研创新领域的深度合作成为推动经济社会高质量发展的关键力量。这种跨类型的合作模式不仅有助于实现资源的优化配置,还能促进知识、技术与产业的深度融合,为产业升级和经济发展注入强大动力。以下是对高职院校与研究型大学在科研创新深度合作方面的深入剖析与展望。

（一）共同申报科研项目,实现资源互补与协同创新

高职院校与研究型大学科研合作的首要环节是共同申报科研项目和课题。这一合作模式能够充分发挥双方的独特优势,形成互补效应。研究型大学以其深厚的科研基础、强大的科研团队和丰富的学术资源著称,能够在理论探索、前沿科技研究等方面发挥引领作用。它们不仅拥有先进的实验设备和研究方法,还具备与国际接轨的科研视野,能够为合作项目提供坚实的技术支持和智力保障。相比之下,高职院校则以其紧密的行业联系、丰富

的实践经验和灵活的市场适应性见长。它们通常与特定行业或企业建立了长期的合作关系,能够迅速捕捉到市场变化和行业需求,为科研项目提供真实、有效的实验数据和案例支持。这种"从实践中来,到实践中去"的科研路径,不仅增强了项目的针对性和实用性,还有助于科研成果的快速转化和应用。通过共同申报科研项目,高职院校与研究型大学可以形成协同创新机制,将理论知识与实践经验紧密结合,共同攻克技术难题,推动科技创新与产业升级。这种合作模式有助于打破学科壁垒,促进跨领域、跨行业的交流与合作,为经济社会发展提供源源不断的创新动力。

(二)产学研深度融合,加速科技成果转化与产业升级

在产学研合作方面,高职院校与研究型大学的联手更是潜力无限。双方可以围绕国家战略需求、行业发展趋势以及市场需求,共同研发新技术、新产品,推动科技成果转化和产业升级。研究型大学的前沿科技研究成果,在高职院校的实践平台上得以验证和完善,进而快速转化为生产力,服务于经济社会发展。同时,高职院校还可以依托其与企业界的紧密联系,搭建产学研合作的桥梁。它们可以与企业共同开展技术研发、产品测试和市场推广等活动,形成产学研用一体化的创新生态。这种合作模式不仅有助于提升企业的核心竞争力,还能促进高职教育的内涵式发展,培养更多具备创新精神和实践能力的高素质技能型人才。此外,高职院校与研究型大学还可以合作开展技术服务和技术咨询等活动,为企业提供技术支持和解决方案。通过为企业量身定制技术升级方案、提供专业培训和技术支持等方式,双方可以共同推动行业技术进步和产业升级,实现互利共赢。

(三)国际交流与合作,拓宽视野与提升竞争力

在全球化背景下,高职院校与研究型大学的国际合作显得尤为重要。双方可以共同开展国际科研项目和国际交流活动,通过与国际顶尖科研机构和学者的合作,拓宽科研视野,提升科研水平。这种国际合作不仅有助于引进国外先进的科研理念和技术手段,还能推动国内科研创新能力的提升和国际化进程。对于高职院校而言,通过与国际研究型大学的合作,不仅可以借鉴其国际化办学经验和管理模式,还能提升自身的办学水平和国际竞

争力。例如,通过引进国外优质教育资源、开展国际学生交流和联合培养项目等方式,高职院校可以拓宽学生的国际视野,培养他们的跨文化交流能力和国际竞争力。同时,这种国际合作还有助于提升高职院校的学术声誉和品牌影响力,为学校的长远发展奠定坚实基础。

(四)构建长效机制,保障合作持续深化与高质量发展

为了确保高职院校与研究型大学在科研创新方面的深度合作能够持续深化并取得实效,双方需要构建一套科学合理的合作机制。这包括明确合作目标、细化合作内容、制定合作计划以及建立有效的沟通协调机制等。同时,还需要加强对合作项目的跟踪管理和绩效评估,确保合作成果能够真正转化为经济社会发展的动力。具体而言,双方可以设立联合科研基金,共建研发中心或实验室等合作平台,为合作项目提供稳定的资金支持和硬件设施保障。此外,还可以通过建立定期交流机制、互派访问学者和研究生等方式,加强人员交流与合作,促进知识共享与技术创新。通过这些举措的实施,高职院校与研究型大学可以携手共进,共同推动科技创新和产业升级,为经济社会发展贡献智慧和力量。

未来,高职院校应继续加强与研究型大学的协作关系,探索更多的合作模式和实践路径,为培养更多符合市场需求的高素质技能型人才做出更大的贡献。

第二节　高职院校与政府的协作关系

在高职院校产教融合的路径创新中,与政府开展紧密协作是推动教育教学改革、优化资源配置、提高人才培养质量的重要途径。政府作为政策制定者、资源调配者和监督管理者,在产教融合中发挥着不可替代的作用。因此,高职院校需要积极寻求与政府协作的新模式,共同推动产教融合的深入发展。

创新驱动发展背景下高职院校产教融合实施途径研究

一、明确合作目标，共谋发展规划

高职院校与政府之间的协作是推动教育与产业深度融合、促进区域经济社会发展的重要途径。这一合作的首要任务在于明确合作目标，并共同谋划长远的发展规划，以确保双方的努力能够精准对接区域发展的实际需求，实现互利共赢。

政府作为区域经济社会发展的引导者，其角色至关重要。它应根据本地的经济社会发展需求和产业转型升级的趋势，提出具有前瞻性和战略性的产教融合方向和目标任务。这要求政府不仅要深入了解当前产业的发展状况，还要对未来趋势有准确的预判，从而制定出既符合实际又具有引领性的政策导向。高职院校作为教育体系的重要组成部分，其办学特色和优势是制定产教融合实施方案的重要依据。高职院校应紧密结合政府的战略规划，充分发挥自身在职业教育、技能培训等方面的专长，制定出既符合政府要求又体现自身特色的实施方案。这样的方案不仅要注重教育的质量和效果，还要关注与产业的对接和融合，确保教育成果能够直接服务于产业发展。

在制定发展规划的过程中，高职院校应充分尊重并征求政府部门的意见和建议。政府部门的参与不仅有助于提升规划的科学性和可行性，还能确保规划内容更加贴近区域发展的实际需求。同时，高职院校也应保持与政府部门的密切沟通，及时汇报工作进展和成效，以便政府部门能够及时了解合作动态，给予必要的政策支持和资源投入。此外，高职院校还应主动争取政府的支持和帮助，特别是在资金、政策、项目等方面。政府的支持和投入是高职院校开展产教融合工作的重要保障，也是推动区域经济社会发展的重要力量。通过双方的紧密合作，可以共同打造一批具有示范意义的产教融合项目，为区域经济社会发展注入新的活力。

二、建立沟通机制，加强信息交流

高职院校与政府之间的协作是推动产教融合、促进经济社会发展的重要举措。为了确保合作的顺利进行,双方必须建立高效、畅通的沟通机制,以加强信息交流,促进资源共享,共同推动产教融合的深入发展。首先,双方应建立定期会商制度。这一制度可以确保双方就产教融合的相关问题进行深入的研讨和交流,及时发现问题、解决问题。在会商中,高职院校可以充分展示其在教育教学、技能培训等方面的优势和成果,同时提出与产业发展相关的建议和需求。政府部门则可以分享最新的政策动态、市场需求和产业趋势,为高职院校提供指导和支持。通过定期会商,双方可以达成共识,明确合作方向,推动产教融合工作有序开展。其次,高职院校应积极参加政府组织的各类会议和活动。这些会议和活动是双方加强联系和沟通的重要平台。通过参与,高职院校可以更加深入地了解政府的工作重点和战略导向,同时也能够向政府部门展示自身的办学特色和优势。此外,高职院校还可以通过这些平台与其他行业、企业等各方建立联系,拓展合作渠道,为产教融合工作创造更加有利的条件。

需要说明的是,在信息交流方面,高职院校应充分利用现代信息技术手段,如互联网、大数据等,建立信息共享平台。这一平台可以实现政产学研用各方信息的实时共享和互联互通,为各方提供更加便捷、高效的信息交流渠道。通过信息共享平台,高职院校可以及时了解政府政策动态、市场需求变化以及产业发展趋势,为教育教学改革和人才培养提供有力支持。同时,高职院校还可以将自身的教育教学成果、科研创新成果等信息及时发布到平台上,与各方共享资源,推动产教融合的深入发展。

三、争取政策支持,优化资源配置

高职院校与政府之间的深度合作,作为推动职业教育迈向高质量发展新阶段的核心驱动力,不仅关乎教育体系内部的优化升级,更是实现经济社会可持续发展的重要支撑。这一合作模式的深化,要求双方秉持共赢理念,以政策为引领,科学优化资源配置,力促产教深度融合,共同构建适应新时代要求的职业教育生态。

政府作为政策制定者与宏观管理者,其在促进高职教育与产业界对接中的作用不可小觑。政府应充分发挥宏观调控职能,设计并实施一系列具有前瞻性和实操性的政策措施,旨在激励和支持高职院校与企业界的深度协作。具体而言,政府可通过税收优惠、专项资金扶持、优先土地供应等实质性激励手段,为高职院校开展产教融合项目铺设绿色通道,减轻其初期投入的经济负担,从而激发其参与产教融合的内在动力与积极性。同时,政府还需建立健全相关法律法规体系,为产教融合的规范化、法治化发展提供坚实保障。

高职院校作为产教融合的积极参与者,需展现出高度的政策敏感性与强大的实践能力。高职院校应主动对接政府政策导向,不仅要在政策框架内积极争取财政补贴、项目资助等支持,更要深化与政府部门的沟通协作机制,确保各项政策红利能够精准、高效地转化为学校发展的战略资源。为此,高职院校需建立常态化的政策研究与分析团队,密切关注政策动态,准确把握政策走向,将政策优势转化为竞争优势。

在资源配置层面,高职院校需紧跟政府政策导向与市场需求的变化趋势,灵活调整专业设置与课程体系,确保人才培养规格与社会经济发展需求高度契合。这要求高职院校不仅要强化理论教学,更要注重实践教学环节,通过与企业共建实训基地、技术研发中心等方式,提升学生的实践操作能力与创新思维。此外,高职院校还应积极探索项目驱动、资源共享、人才共育等多元化合作模式,促进学生、教师与企业人员的互动交流,推动科研成果的有效转化,实现教育链、人才链与产业链、创新链的深度融合与有机衔接,为区域经济转型升级与高质量发展贡献力量。

四、参与政策制定,提供决策支持

高职院校与政府之间的紧密协作,是推动产教融合、促进教育链、人才链与产业链、创新链有机衔接的关键路径。在这一合作框架内,积极争取政策支持与优化资源配置成为双方共同努力的重点方向。

政府作为政策制定者和资源调配者,扮演着至关重要的角色。为了激励和保障高职院校有效推进产教融合,政府应出台一系列具有吸引力的政策措施。这些政策可能涵盖税收优惠、资金扶持、土地供应等多个层面,旨在为高职院校提供强有力的外部支持。税收优惠可以减轻高职院校在产学研合作中的经济负担,资金扶持则能直接助力其基础设施建设、师资队伍建设及科研项目开展,而土地供应则为高职院校扩建校区、新建实训基地等提供了物质基础。这些政策的实施,不仅为高职院校开展产教融合解除了后顾之忧,更为其长远发展奠定了坚实的基础。

高职院校作为产教融合的主体,应主动出击,积极对接政府政策,争取各项支持。这要求高职院校不仅要密切关注政府政策动态,更要深入理解政策意图,结合自身办学特色和优势,制定切实可行的产教融合实施方案。同时,高职院校还需加强与政府部门的沟通协调,通过定期汇报、项目申报、政策咨询等方式,争取更多的资源投入和项目支持。这种主动作为的态度,不仅有助于提升高职院校的竞争力,更能促进政府资源的有效配置。在资源配置方面,高职院校应紧跟政府政策导向和市场需求变化,灵活调整专业设置和课程体系。这意味着高职院校要密切关注产业发展趋势,及时增设或调整与产业发展紧密相关的专业,以满足市场对高技能人才的需求。同时,高职院校还应注重课程体系的实用性和前瞻性,通过引入行业前沿知识、强化实践教学环节等方式,提高人才培养质量。此外,高职院校还应深化与企业的合作,共同建设实训基地和研发中心。这种合作模式不仅有助于提升学生的实践能力和职业素养,更能促进科研成果的转化和应用。通过共建实训基地,高职院校可以为学生提供真实的职业环境,使其在实践中学习和成长;而共建研发中心,则能推动高职院校与企业的协同创新,共同攻克技术难题,推动产业升级和经济发展。

五、加强监管评估,确保合作成效

高职院校与政府之间的协作,是推动产教融合、提升职业教育质量的关键。为了确保这一合作的成效,加强监管评估工作显得尤为重要。

政府在这一过程中,应当承担起建立健全产教融合监管评估机制的重任。这一机制旨在定期对高职院校开展产教融合的情况进行细致检查和全面评估,以确保各项合作活动能够按照既定目标顺利推进。监管评估的内容不仅应涵盖产教融合的深度、广度以及实际效果,还应关注高职院校在教育教学、科研创新等方面的表现。通过这样的评估和检查,政府可以及时发现并解决合作过程中存在的问题,确保高职院校能够严格遵循合作协议和规划要求,高效、有序地开展工作。同时,政府还应加强对高职院校的指导和监督。这包括为高职院校提供政策解读、方向指引等方面的帮助,以及对其在产教融合过程中遇到的困难和问题进行及时的解答和协调。政府的指导和监督,有助于高职院校更好地理解政策意图,明确合作方向,从而更加有效地推进产教融合工作。

对于高职院校而言,积极配合政府的监管评估工作是其应尽的责任。高职院校应主动接受政府的检查和评估,认真听取政府的意见和建议,及时整改存在的问题。同时,高职院校还应加强内部管理和制度建设,通过完善教育教学体系、提升科研创新能力等方式,不断提高自身的办学水平和综合实力。这样的努力,不仅能够确保合作成效的可持续性和稳定性,还能够为高职院校的长远发展奠定坚实的基础。

高职院校与政府在推进产教融合中形成了紧密的协作关系。政府通过政策引导、资源支持和监管评估,为高职院校开展产教融合提供了有力保障。高职院校则积极响应政府号召,主动对接政策,加强内部管理,提升教育质量。双方密切沟通,共同制定发展规划,建设实训基地,推动科研成果转化。这种协作关系不仅促进了教育与产业的深度融合,还提升了人才培养质量,为经济社会发展注入了新的活力。未来,双方应继续深化合作,共同探索产教融合的新模式、新路径。

第三节 高职院校与企业的协作关系

高职院校产教融合路径创新中,与企业开展协作是实现教育与社会需求紧密结合、提升人才培养质量的重要途径。

第五章　基于创新系统的高职院校产教融合路径创新方案

一、明确合作目标,建立共赢机制

高职院校与企业之间的协作,是推动产教深度融合、实现教育与产业无缝对接的重要途径。在这一合作框架内,明确合作目标并建立共赢机制,成为双方共同的首要任务。首先,高职院校与企业需要共同研究制定人才培养方案。这一方案的制定,必须基于对学生未来职业发展需求的深入了解,以及对企业当前及未来人才需求的精准把握。通过双方的紧密合作,可以确保学生所学知识与企业实际需求高度匹配,从而培养出既具备扎实理论基础,又拥有熟练实践技能的高素质人才。这不仅有助于提升学生的就业竞争力,更能为企业输送大量符合其发展需求的专业人才。其次,企业应基于合作目标积极参与高职院校的教学改革和课程开发。企业可以将自身的技术优势、管理理念和行业经验融入教学内容,帮助学校更新课程体系,优化教学方法。同时,企业还可以提供实践教学基地和实训设备,为学生提供真实的工作环境和实践机会,使其在实践中深化理论知识,提升实践能力。这种深度的校企合作,有助于打破传统教育的壁垒,推动教育模式的创新与发展。最后,为了保障合作的顺利进行,高职院校与企业之间需要签订合作协议。这份协议应明确双方在人才培养、科研合作、技术创新等方面的权利和义务,为双方的合作提供法律保障。通过协议的签订,可以确保双方的合作目标一致、行动协调,避免在合作过程中出现分歧和矛盾。此外,双方还可以共同设立产教融合基金。这一基金旨在支持合作项目的开展,包括人才培养、实训基地建设、科研项目研发等。基金的设立可以形成利益共享、风险共担的合作机制,激励双方更加积极地投入资源,推动产教融合的深入发展。同时,基金还可以为双方的合作提供稳定的资金来源,确保合作项目的持续性和稳定性。

二、深化教学改革,创新人才培养模式

高职院校作为职业教育体系的重要组成部分,承担着为社会培养高素质技能型人才的重任。面对企业对人才需求的不断变化,高职院校必须深

创新驱动发展背景下高职院校产教融合实施途径研究

化教学改革,创新人才培养模式,以适应市场需求,提升毕业生的就业竞争力和职业发展潜力。

（一）实行"双导师制"

"双导师制"作为高等职业教育领域内一种创新且高效的人才培养模式,深刻体现了产教融合的先进理念,是高职院校与企业深度合作、协同育人的典范。该制度的核心机制在于,通过吸纳企业界的技术精英与管理专家作为兼职教师,与校内专任教师并肩作战,共同肩负起实践教学的深度推进与毕业设计环节的精心指导,从而在理论与实践之间架起了一座坚实的桥梁。

从学术视角审视,"双导师制"不仅促进了教育资源的优化配置,还实现了知识传授与技能培养的深度融合。企业导师凭借其深厚的实践经验与敏锐的行业洞察力,能够为学生提供大量源自生产一线的教学素材与真实案例,有效弥补了传统教学中理论与实践脱节的短板。这种教学模式极大地增强了教学内容的时代性与实用性,使学生能够更早地接触并适应职场环境,为其职业生涯的顺利启航奠定了坚实基础。

与此同时,企业导师的介入还为学生职业规划意识的觉醒与职业素养的提升开辟了新路径。通过导师的言传身教,学生得以洞悉行业动态,明确个人职业定位,从而在激烈的人才市场竞争中占据先机。相比之下,学校专任教师则侧重于构建学生的理论框架,通过系统的课程讲授与学术引领,确保学生在掌握宽厚基础理论的同时,具备将理论应用于实践、解决实际问题的能力,实现从"知"到"行"的飞跃。

为确保"双导师制"的稳健运行与持续优化,高职院校须与企业建立长效合作机制,共同规划人才培养方案,精心设计课程体系。此外,构建科学合理的导师选拔、培训、考核与激励机制同样至关重要,这不仅关乎导师队伍的稳定与质量,更是提升整体教育效能、实现人才培养目标的关键所在。

（二）开展"订单式"培养

"订单式"人才培养模式作为高等职业教育领域的一项重要创新,深刻体现了产教融合的核心理念,是教育与产业无缝对接的生动实践。该模式基于企业实际用人需求,通过高职院校与企业签订具体的人才培养协议,实现了人才培养目标的精准定位与高效实施。这一模式不仅有助于提升人才培养的针对性与实效性,更在促进教育与产业深度融合、推动经济社会高质量发展方面展现出显著优势。

在"订单式"培养模式的框架下,高职院校与企业之间的深度沟通与协作成为关键。首先,双方需就企业的具体用人需求、岗位标准及未来发展趋势进行深入探讨,确保人才培养目标与企业实际需求的高度契合。随后,高职院校依据企业要求,科学制定教学计划与课程设置,确保课程体系既涵盖必要的理论知识,又强调实践技能与职业素养的培养,实现理论与实践的深度融合。

此外,实习实训作为"订单式"培养模式的重要组成部分,其设计与实施同样至关重要。高职院校需与企业共同规划实习实训方案,不仅为学生提供真实的职场环境,还通过岗位轮换、项目参与等多种方式,让学生在实践中深化理论认识,提升解决实际问题的能力。这种以企业需求为导向的实习实训,不仅能够有效缩短学生适应职场的时间,还能在一定程度上降低企业的培训成本,实现双赢。

"订单式"培养模式的实施,不仅显著提高了学生的就业竞争力与就业质量,更为企业输送了大量具备高度专业技能与良好职业素养的高素质技能型人才,有力支撑了产业升级与经济社会的持续发展。从学术角度看,该模式不仅是对传统人才培养模式的革新,更是对教育与产业深度融合路径的积极探索,对于推动职业教育现代化、构建开放融合的职业教育体系具有重要意义。

（三）推行"工学交替"模式

"工学交替"模式作为高等职业教育领域一种极具创新性与实践性的育人模式,深刻体现了产教融合的先进理念,是高职院校与企业深度合作、协同育人的又一重要途径。该模式通过构建学校与企业间的双向互动平台,让学生在理论学习与实践操作之间交替进行,从而实现了理论知识与实践经验的深度融合,极大地提升了人才培养的针对性与实效性。

创新驱动发展背景下高职院校产教融合实施途径研究

在"工学交替"模式的框架下,学生首先在学校接受系统的理论教育,这不仅包括专业知识的学习,还涵盖行业动态的了解与职业发展前景的展望。这一阶段的学习为学生奠定了坚实的理论基础,使其对专业领域有了全面的认识与把握。随后,学生进入企业进行实习实训,将所学理论知识应用于实际工作中,通过解决实际问题的过程,深化对知识的理解,同时提升实践技能与职业素养。这种理论与实践交替进行的方式,有助于学生更好地理解企业的生产流程与经营管理,增强对职场环境的适应能力。

为了确保"工学交替"模式的有效实施,高职院校需与企业建立长期稳定的合作关系,共同制定科学合理的人才培养方案与教学计划。双方需就培养目标、课程设置、实习实训安排等方面进行深入沟通与协商,确保教学内容与企业需求的高度契合。此外,建立完善的实习实训管理制度与考核机制同样至关重要。高职院校需制定详细的实习实训计划与流程,明确学生实习期间的任务与要求,同时建立有效的考核评价体系,对学生的实习表现进行全面、客观的评估,确保学生在实习期间能够得到充分的指导与锻炼,真正实现理论与实践的有机结合。

三、加强科研合作,促进技术创新

高职院校与企业之间的科研合作,是驱动技术创新、加速产业升级的重要引擎。在当前经济全球化和科技创新日新月异的背景下,这种合作模式显得尤为重要。通过携手并进,高职院校与企业能够共同申报科研项目,共享科研资源,联合开展科研攻关和技术创新,为产业发展注入源源不断的活力。

科研合作不仅为高职院校提供了与企业实际需求紧密对接的研究平台,还使学校能够深入了解企业的技术瓶颈和市场需求。在此基础上,高职院校可以充分发挥其科研优势,为企业提供针对性的技术支持和解决方案,帮助企业突破技术难关,提升核心竞争力。同时,这种合作模式也促进了高职院校科研成果的转化和产业化,使学校的科研成果能够更快地转化为实际生产力,服务于经济社会发展。

第五章　基于创新系统的高职院校产教融合路径创新方案

为了更好地推动科研合作,高职院校与企业还可以合作共建研发中心或技术创新中心。这些中心将成为双方共同开展技术研发和产品创新的重要基地。在这里,高职院校的科研人员和企业的技术人员可以紧密协作,共同探索新技术、新工艺和新产品的开发。这种深度的产学研用融合,不仅有助于加速技术创新和产业升级,还能够培养出更多具备实践经验和创新能力的高素质人才。

在共建研发中心或技术创新中心的过程中,高职院校和企业需要明确各自的角色和定位。高职院校应发挥其科研优势和人才优势,为企业提供技术支持和智力支持;而企业则应发挥其市场优势和资源优势,为科研合作提供资金支持和市场需求信息。双方的紧密合作,可以形成优势互补、互利共赢的良好局面。

此外,为了保障科研合作的顺利进行,高职院校和企业还需要建立完善的合作机制和沟通机制。双方应定期召开科研合作会议,共同商讨合作进展和存在的问题;同时,还应建立科研成果共享和知识产权保护机制,确保双方的合法权益得到保障。

四、拓展合作领域,实现资源共享

在高职院校与企业开展协作的广阔舞台上,不断拓展合作领域,实现资源共享,是推动产教融合向纵深发展的关键所在。这一合作模式不仅促进了教育与产业的深度融合,也为双方带来了互利共赢的丰硕成果。

在人才培养方面,高职院校与企业合作共建实训基地或实践教学中心,成为学生实践学习的重要平台。这些实训基地不仅配备了先进的设施和设备,还引入了企业的真实工作场景和业务流程,使学生在实践中能够更直观地了解企业的运作方式和市场需求。通过在这些实训基地的学习,学生能够获得宝贵的实践经验,提升职业素养和就业竞争力。与此同时,企业也积极参与人才培养的过程中。它们为学生提供实习和就业机会,使学生在真实的工作环境中锻炼自己的专业技能和团队协作能力。这种"学中做、做中学"的教育模式,不仅有助于培养学生的实践能力和创新思维,还为企业输

创新驱动发展背景下高职院校产教融合实施途径研究

送了大量符合其发展需求的高素质技能型人才。

在科研合作和技术创新方面,高职院校与企业携手共进,共同开展科研项目和技术攻关。这种合作模式不仅推动了学校的科研成果转化和产业化,也为企业提供了技术支持和解决方案,助力企业实现技术创新和产业升级。双方通过共享科研资源、共建研发平台等方式,形成了优势互补、互利共赢的良好局面。

此外,高职院校还与企业合作开展了社会服务活动。这些活动不仅为地方经济发展和产业升级做出了贡献,也提升了学校的知名度和影响力。通过参与社会服务活动,学生能够更好地了解社会需求,增强社会责任感和使命感。在合作过程中,高职院校与企业需要建立紧密的沟通机制,确保双方的合作目标和行动一致。同时,还需要建立完善的合作机制和评估体系,对合作成果进行定期评估和总结,以便及时发现问题并采取相应的改进措施。

五、加强沟通与交流,建立长效机制

在高职院校与企业的协作之路上,加强沟通与交流,构建长效机制,是确保双方合作深入持久、互利共赢的重要保障。为了实现这一目标,双方需建立常态化的合作交流机制,确保信息畅通无阻,问题得到及时解决。定期召开合作交流会议,是双方沟通的重要桥梁。会议不仅能让双方及时了解合作项目的进展情况,还能针对合作过程中出现的问题和挑战,共同商讨解决方案,确保合作顺利推进。通过面对面的交流,双方能更加深入地理解对方的需求和期望,为后续的深度合作奠定坚实基础。此外,高职院校还可以积极邀请企业中的专家和管理人员来校开展讲座和培训活动。这些活动不仅能为学生和教师提供宝贵的学习机会,让他们深入了解行业动态和前沿技术,还能增强双方之间的信任与理解。企业专家的实践经验和管理智慧,将为高职院校的教育教学和科研创新提供有力支持。

在长效合作机制的推动下,高职院校与企业将形成紧密的合作关系。双方将围绕产教融合的目标,共同开展人才培养、技术研发、社会服务等活动,实现资源共享、优势互补。这种深度的合作不仅有助于提升高职院校的

教育质量和科研水平,还能为企业输送更多高素质技能型人才,推动产业转型升级。

在推进产教融合的过程中,高职院校与企业建立了紧密的协作关系。双方通过加强沟通与交流,共享资源,共同开展人才培养、技术研发和社会服务等活动,实现了优势互补和互利共赢。高职院校为企业输送了高素质技能型人才,助力企业技术创新和产业升级;企业则为高职院校的学生提供了实践平台和就业机会,促进了教育链、人才链与产业链、创新链的有效衔接。这种深度的产教融合,不仅提升了教育质量,也推动了经济社会发展,为构建现代职业教育体系注入了新的活力。

第四节　高职院校与中介机构的协作关系

无论是在知识创新系统中还是在产教融合体系中,中介组织都是重要的参与主体。在高职院校产教融合路径创新中,高职院校与中介组织的协作至关重要。这种协作不仅有助于高职院校更好地了解市场需求和行业动态,还能为学校提供丰富的实践教学资源和优质的就业渠道。

一、明确协作目标与定位

高职院校与中介组织在开展协作之前,明确协作的目标与定位是确保双方合作顺利推进、实现共赢的基础。这一合作模式的构建,不仅有助于提升高职院校的教育教学质量,还能有效提升人才的市场适应性,为社会经济发展注入新的活力。

高职院校作为技术技能人才培养的摇篮,其核心目标是培养出一批既具备扎实专业知识,又拥有高超实践技能的高素质人才。这些人才应当紧密贴合市场需求,能够在毕业后迅速融入行业,成为推动产业升级和技术进步的重要力量。因此,高职院校在设定与中介组织的协作目标时,应着重考虑如何通过双方的紧密合作,进一步提升人才培养的针对性和实效性。这包括但不限于共同开发课程、优化实践教学体系、引入企业真实项目作为教学案例等，确保学生在校期间就能接触到最前沿的技术和知识，为将来步入职场打下坚实的基础。

中介组织则扮演着连接高职院校与企业的重要桥梁角色。它们不仅掌握着大量企业的人才需求信息，还具备将教育资源与市场需求高效对接的能力。在与高职院校的合作中，中介组织应明确自身在产教融合中的独特定位，即作为信息提供者、资源整合者和服务提供者，积极促进教育链、人才链与产业链、创新链的有效衔接。具体而言，中介组织可以协助高职院校开展市场调研，精准把握行业发展趋势和人才需求变化；组织校企交流会，搭建面对面沟通的平台，促进双方在人才培养、技术创新等方面的深度合作；还可以提供就业推荐、职业规划等服务，帮助学生实现从校园到职场的无缝过渡。

为了实现这些协作目标，双方还需在定位上达成共识，形成紧密的合作伙伴关系。高职院校应充分认识到中介组织在产教融合中的桥梁和纽带作用，给予充分的信任和支持，鼓励其深度参与学校的教育教学改革和人才培养过程。同时，中介组织也应不断提升自身的专业能力和服务水平，以更加积极主动的姿态参与到合作中来，充分发挥其在资源整合、信息服务等方面的优势，为高职院校提供更为精准、高效的支持。

二、建立长期稳定的合作关系

为确保高职院校与中介组织之间协作的有效性和持续性，构建一种长期稳定的合作关系显得尤为重要。这种关系的建立不仅有助于双方资源的优化配置，还能促进教育链、人才链与产业链、创新链的深度融合，为社会培养更多符合市场需求的高素质技术技能人才。

首先，签订合作协议是双方合作的基础。这份协议应当详细阐述双方的权利和义务，包括但不限于合作期限、合作内容、合作方式等关键要素。合作期限的明确有助于双方对合作的长远规划，避免短期行为带来的不利影响；合作内容的细化则能确保双方的合作方向与目标高度一致，减少因理解偏差导致的合作障碍；合作方式的确定则能规范双方的行为模式，确保合作过程中的公平、公正与透明。通过签订合作协议,双方的合作关系得到了法律层面的保障,为后续的深度合作奠定了坚实的基础。

其次,设立联合工作机构是加强双方沟通与协调的有效途径。这一机构可以由双方共同选派代表组成,负责合作项目的日常管理和推进工作。通过定期召开会议、共享信息、协同解决问题等方式,联合工作机构能够确保双方在日常工作中的紧密配合,及时应对合作过程中出现的各种挑战。此外,联合工作机构还可以作为双方沟通的重要平台,促进双方在理念、文化等方面的交流与融合,为合作的深入发展创造更加有利的条件。

在长期合作的过程中,建立互信机制是双方合作能够持续、稳定发展的关键。互信机制的建立需要双方在日常合作中展现出高度的诚信和责任感,通过实际行动赢得对方的信任。这包括但不限于严格遵守合作协议、积极履行合作义务、及时沟通解决合作中的问题等。通过长期的合作实践,双方可以逐渐建立起深厚的信任基础,从而在合作中更加顺畅地沟通、协商和解决问题。这种互信机制的建立不仅能够提高合作效率和质量,还能为双方在未来的合作中创造更多的可能性和机遇。

三、共同开发实践教学课程

实践教学作为高职院校教育体系中不可或缺的一环,是连接理论知识与实际操作、实现产教融合的关键桥梁。它不仅能够加深学生对专业知识的理解,更能通过实践锻炼,提升学生的动手能力、创新思维和职业素养,为未来的职业生涯奠定坚实基础。高职院校与中介组织的深度合作,为实践教学提供了更为广阔的空间和丰富的资源。

双方可以携手开发实践教学课程,将行业的最新技术、工艺和流程融入课程内容,确保教学内容的时效性和实用性。这一过程中,高职院校的专业教师与中介组织的市场专家紧密配合,共同制定课程大纲和教学计划,明确每一门课程的教学目标、核心内容和适宜的教学方法。这种合作不仅确保了教学内容的与时俱进,还使得教学更加贴近行业实际需求,为学生未来的就业和职业发展铺设道路。

创新驱动发展背景下高职院校产教融合实施途径研究

为了增强课程的实践性和针对性,中介组织可以凭借其广泛的行业联系,邀请来自生产一线的行业专家参与课程设计和教学过程。这些专家凭借丰富的实践经验和独到的行业见解,能够为课程注入鲜活的生命力,为学生提供更加贴近实际、具有前瞻性的教学内容和实战指导。通过专家讲座、案例分析、现场示范等多种形式,学生可以更直观地了解行业动态,掌握实际操作技能,为将来的职业发展积累宝贵经验。

此外,双方还可以共同建设实训基地,为学生提供更多、更优质的实践机会。实训基地的建设应模拟真实的工作环境,配备先进的设备和工具,确保学生在接近实际的工作场景中学习和掌握技能。在实训基地,学生可以参与到项目设计、产品开发、工艺改进等实际工作中,通过亲身实践加深对专业知识的理解,锻炼解决实际问题的能力,同时培养团队协作、沟通协调等职业素养。这种"学中做、做中学"的教学模式,能够有效提升学生的综合能力和就业竞争力。

四、开展产学研合作项目

产学研合作作为一种高效且富有成效的模式,是推动产教融合、实现教育与产业深度融合的重要途径。高职院校与中介组织携手开展产学研合作项目,能够充分发挥各自优势,将科研成果转化为实际生产力,为社会经济发展注入新的活力。

在合作过程中,明确双方的职责和利益分配机制是确保项目顺利进行的关键。高职院校作为教育和科研的重要阵地,拥有丰富的人才资源和科研基础,其主要职责在于提供高质量的科研成果和技术支持。而中介组织则凭借其在市场、企业和行业中的广泛联系,能够精准把握市场需求,为科研成果的转化提供方向和平台。双方应在项目启动之初,就合作的具体内容、目标、进度以及利益分配等细节进行充分沟通和协商,达成共识,为后续的合作奠定坚实基础。

共同申请科研项目、共享科研资源也是双方合作的重要一环。高职院校与中介组织可以基于各自的优势,联合申报国家级、省部级或行业内的科研项目,共同承担科研任务,共享科研成果。这不仅有助于提升双方的科研水平和创新能力,还能在合作中培养出更多具备科研素养和实践能力的高素质人才。

通过产学研合作项目的开展,高职院校的科研发展将得到有力推动。一方面,合作项目为高职院校提供了更多与实际产业结合的机会,使得科研成果能够更快地转化为实际生产力,服务于经济社会发展;另一方面,合作项目也为高职院校的师生提供了更多实践锻炼的机会,有助于提升其解决实际问题的能力和创新思维。

对于中介组织而言,产学研合作项目的开展同样具有重要意义。通过参与合作项目,中介组织能够获得更多来自高职院校的人才和技术支持,进一步提升其在市场中的竞争力和影响力。同时,合作项目也为中介组织提供了更多与高校、企业等各方合作的机会,有助于拓展其业务领域和合作网络。

五、完善就业推荐机制

就业作为高职院校教育的终极目标之一,直接关系到学生个人发展和社会整体人力资源的优化配置。在这个过程中,中介组织凭借其丰富的企业资源和就业信息,成为连接高职院校与就业市场的重要桥梁,为毕业生提供了更为广阔和优质的就业渠道。

为了更有效地促进毕业生就业,高职院校与中介组织应携手建立完善的就业推荐机制。这一机制旨在通过双方的紧密合作,精准对接企业需求和毕业生特点,实现人才与岗位的精准匹配。具体而言,中介组织可以依托其广泛的企业资源,深入了解各行业的用人需求和岗位特点,同时,高职院校则负责提供毕业生的详细信息和专业技能情况。在此基础上,中介组织运用大数据分析和人工智能技术,对毕业生和企业需求进行精准匹配,为毕业生推荐最适合的就业岗位。在就业推荐过程中,中介组织还可以发挥其在市场洞察和人才评估方面的优势,为毕业生提供个性化的就业指导。这包括但不限于对就业市场的分析、行业发展趋势的预测、个人简历的优化以及面试技巧的传授等。通过这些服务,毕业生不仅能够更全面地了解市场需求,还能在求职过程中展现出更加自信和专业的形象,从而提高就业质量和满意度。

此外,中介组织还可以为毕业生提供职业规划服务,帮助他们更好地规划未来的职业道路。职业规划是一个长期且持续的过程,它要求个体在了解自身优势和兴趣的基础上,结合市场需求和行业趋势,制定出切实可行的职业发展目标。中介组织凭借其丰富的行业经验和专业知识,可以为毕业生提供个性化的职业规划建议,帮助他们明确职业定位、制定发展计划,并在职业发展过程中提供持续的支持和指导。

六、建立信息共享平台

为了深化高职院校与中介组织之间的合作,构建一个高效、便捷的信息共享平台显得尤为重要。这一平台不仅能够有效加强双方的信息交流,还能促进资源的优化配置与高效利用,为双方的深度合作提供强有力的支撑。

信息共享平台可以涵盖网站、微信公众号等多种形式,以满足不同用户群体的需求。在平台上,高职院校与中介组织可以实时发布行业动态、企业需求、人才供给等关键信息。对于高职院校而言,通过发布最新的科研成果、专业设置、学生技能等信息,可以吸引更多企业的关注,为毕业生创造更多的就业机会。同时,高职院校还能及时了解企业的实际需求,调整教学内容和课程设置,以更好地满足市场需求。中介组织则可以利用其丰富的企业资源和市场洞察力,在平台上发布企业的招聘信息、人才需求、项目合作意向等。这些信息不仅能够帮助高职院校更加精准地推荐合适的毕业生给企业,还能为毕业生提供更多的就业选择和职业发展机会。此外,中介组织还可以通过平台发布行业报告、市场趋势分析等内容,为高职院校的教学改革和科研方向提供有价值的参考。

信息共享平台不仅是一个信息发布和查询的平台,更是一座促进双方在线沟通和项目合作的桥梁。通过平台的在线沟通功能,高职院校与中介组织可以随时随地进行交流和协商,无论是关于合作项目的细节讨论,还是对于市场动态的深入探讨,都能够得到及时有效的回应。这种高效的沟通方式不仅降低了双方的协作成本,还大大提高了工作效率,使得合作项目能够更快、更好地推进。

此外,信息共享平台还可以为双方提供项目合作的功能。通过平台的项目发布和匹配系统,高职院校与中介组织可以共同寻找合作机会,开展产学研合作、实训基地建设、技能培训等多种形式的合作项目。这些项目的成功实施不仅能够推动双方的共同发展,还能为行业和社会创造更多的价值。

在推进产教融合的过程中,高职院校与中介组织的协作关系至关重要。中介组织作为桥梁,连接学校、政府、行业和企业,有效整合各方资源,促进校企合作、工学结合的深入发展。它们不仅协调技术人员来校授课、指导实习,还参与构建教育质量保障体系,确保教育过程的高效与高质量。此外,中介组织还可以通过参与质量监控促进信息传递与反馈,使政府、学校、企业间的沟通更为顺畅,共同推动产教融合的深化与发展。

第五节　高职院校与社会公众的协作关系

产教融合不仅要求高职院校与企业、行业之间紧密合作,同时也需要高职院校积极寻求与社会公众的广泛协作。社会公众作为社会的主体,其需求和反馈对于高职院校的产教融合具有不可忽视的作用。

一、加强信息沟通与传播

高职院校作为培养高技能人才的重要基地,承担着推动产教融合、服务社会发展的重任。为了更好地履行职责,高职院校应当积极建立与社会公众的有效沟通机制,这不仅有助于提升学校的知名度和影响力,还能增强学校的透明度和公信力。

在信息爆炸的时代,高职院校应充分利用官方网站、社交媒体等多元化渠道,及时发布学校的教育教学、科学研究、校企合作等方面的信息。通过

创新驱动发展背景下高职院校产教融合实施途径研究

官方网站,学校可以发布最新的教学动态、专业设置、招生政策等内容,让社会公众对学校的教育资源有一个全面的了解。同时,利用社交媒体平台的互动性,学校可以发布图文、视频等多种形式的内容,展示学校的校园文化、师生风采和产教融合成果,吸引更多人的关注和参与。除了线上沟通,高职院校还应积极开展各类线下宣传活动。例如,定期举办校园开放日,邀请家长、学生和社会各界人士走进校园,近距离感受学校的教学环境、实训设施和校园文化。通过专业讲座、技能展示等活动,让社会公众更直观地了解学校的教育特色和优势专业,从而增强对学校的信任和认可。

此外,高职院校还应建立反馈机制,及时收集社会公众对学校工作的意见和建议。通过问卷调查、座谈会等方式,了解社会公众的需求和期望,为学校改进工作提供参考。同时,学校还应积极回应社会关切,处理好各类舆情事件,维护学校的良好形象和声誉。

二、深化校企合作与社会服务

高职院校作为培养高技能人才的重要阵地,其社会影响力不仅关乎学校的声誉与地位,更直接影响到区域经济社会的发展。在这一背景下,深化校企合作、积极开展社会服务成为高职院校扩大社会影响力的两大关键路径。

校企合作是高职院校提升人才培养质量、促进科研成果转化的重要手段。通过与企业的深度合作,高职院校能够精准把握市场需求,及时调整专业设置和课程内容,确保人才培养与产业发展同频共振。企业参与人才培养全过程,不仅为学生提供了丰富的实习实训机会,还通过校企合作项目,让学生在真实的工作环境中锻炼技能、积累经验,从而培养出更多符合市场需求的高素质技能型人才。同时,高职院校的科研团队与企业合作,共同攻克技术难题,推动科研成果的转化应用,不仅为企业发展注入了新的活力,也提升了学校的科研实力和社会影响力。

社会服务则是高职院校连接社会、服务民生的桥梁。高职院校利用自身的教育资源和技术优势,广泛开展技能培训、技术咨询、社区教育等社会服务活动不仅满足了社会对高技能人才的需求,也提升了民众的职业素养和生活质量。通过举办各类公益讲座、技能竞赛等活动,高职院校进一步扩大了社会影响力,增强了与社会的互动与联系。这些社会服务活动不仅提升了学校的知名度,还促进了学校与地方政府、企业、社区等多方面的合作,为学校的长远发展奠定了坚实的基础。

需要强调的是,高职院校在校企合作和社会服务中还注重构建开放共享的合作机制,推动产学研深度融合。学校与企业、科研机构等建立长期稳定的合作关系,共同开展技术研发、人才培养、社会服务等活动,形成资源共享、优势互补的良好局面。这种开放合作的模式,不仅提升了学校的综合竞争力,也为区域经济社会发展提供了有力的人才支撑和智力支持。

三、拓宽人才培养与社会需求的对接渠道

拓宽人才培养与社会需求的对接渠道,是高职院校提升教育质量和增强社会服务能力的重要策略。这一目标的实现,不仅要求高职院校密切关注市场动态,紧跟行业发展趋势,更需通过一系列创新举措,构建多元化、多层次的人才培养模式,确保毕业生能够无缝对接社会需求,成为推动经济社会发展的生力军。首先,高职院校需强化与行业企业的深度合作,建立紧密的产教融合机制。通过共建实训基地、开展联合培养、实施订单式人才培养等方式,使教学内容与行业标准、企业需求紧密对接。企业参与人才培养全过程,从课程设置、教材开发到实习实训、就业指导,确保学生在校期间就能掌握企业所需的专业技能和职业素养,毕业后能够迅速适应工作岗位,满足企业的人才需求。其次,高职院校应积极探索校企合作的新模式,如"工学交替""现代学徒制"等,将理论学习与实践操作紧密结合,让学生在真实的工作环境中学习成长。这种模式不仅能够有效提升学生的实践能力和职业素养,还能增强学生的就业竞争力,缩短从校园到职场的过渡期。再次,高职院校还需加强对学生创新创业能力的培养。通过开设创新创业课程、举办创新创业大赛、建立创新创业孵化平台等措施,激发学生的创新精神和创业热情,培养学生的创新思维和创业能力。这不仅有助于解决学生的就业

问题,更能为社会创造更多的就业机会和经济增长点。最后,高职院校还应加强与社会各界的联系与合作,拓宽人才培养的视野和渠道。通过与企业、科研机构、行业协会等建立合作关系,共同开展科研项目、技能培训、社会服务等活动,形成资源共享、优势互补的良好局面。这种开放合作的模式,不仅能够提升学校的综合竞争力,还能为社会培养更多具有创新精神和实践能力的高素质人才。

四、构建社会公众参与机制

高职院校在产教融合的过程中,积极构建社会公众参与机制,是拓宽合作领域、深化校企合作、提升教育质量和增强社会服务能力的关键路径。这一机制的构建,旨在汇聚社会各界的智慧和资源,共同推动产教融合向更深层次发展,为经济社会发展培养更多高素质、高技能人才。

构建社会公众参与机制,需要高职院校转变教育观念,树立开放合作的办学理念。传统的高职教育往往侧重于校内教学,与外界的联系相对较少。然而,在产教融合的背景下,高职院校必须主动走出校园,积极寻求与企业、科研机构、行业协会等社会各界的合作,共同参与人才培养和科学研究。

为了有效实施社会公众参与机制,高职院校可以设立咨询委员会或顾问团队。这一机构由来自企业、科研机构、行业协会、政府部门以及社会知名人士等多领域的专家组成,他们拥有丰富的实践经验和深厚的行业背景。咨询委员会或顾问团队将定期召开会议,就学校的教育教学、科研创新、人才培养、社会服务等方面提供宝贵的建议和意见。他们的参与,不仅能够使学校的教育教学更加贴近市场需求和行业发展趋势,还能够促进学校与社会的深度融合,提升学校的综合实力和社会影响力。

同时,高职院校应积极开展社会调查活动,倾听社会公众的声音。通过问卷调查、座谈会、访谈等多种形式,了解社会公众对学校教育教学和产教融合的反馈和期望。这些反馈和期望将作为学校改进教育教学、优化产教融合策略的重要依据。通过社会调查活动,学校可以更加准确地把握市场需求和社会趋势,及时调整专业设置和课程内容,确保人才培养与社会需求的高度契合。同时,学校还可以根据社会公众的反馈,不断优化教育服务,提升学生的学习体验和满意度。

此外,高职院校可以通过设立奖学金、助学金等激励机制,鼓励社会捐赠和资助。这些激励机制不仅能够为学校的教育事业注入更多动力,还能够增强学校与社会的联系和互动。通过设立奖学金和助学金,学校可以吸引更多优秀的学生报考和就读,提升学校的生源质量和竞争力。同时,学校还可以积极争取社会各界的捐赠和资助,为学校的教育教学和产教融合提供更多的资源和支持。这些资源和支持将促进学校的教育事业蓬勃发展,为经济社会发展培养更多优秀人才。

在实施社会公众参与机制的过程中,高职院校还需注重信息化手段的运用。通过建立校企合作信息平台、在线教育平台等,实现信息共享和资源整合。这些平台将为社会各界提供便捷的信息获取渠道和合作机会,促进学校与社会的深度融合和共同发展。同时,学校还可以利用大数据等信息化手段,对产教融合的效果进行客观评价和分析,为优化产教融合策略提供科学依据。

五、加强校园文化建设与品牌传播

高职院校在产教融合的过程中强化校园文化建设,不仅是提升学校软实力、塑造独特品牌形象的重要途径,更是推动产教融合工作深入发展的关键一环。通过构建积极向上、富有特色的校园文化氛围,高职院校能够为学生、教师及社会各界营造一个充满活力、鼓励创新的学习与工作环境,进而促进产教融合的深度与广度。

首先,高职院校应充分利用校园文化的载体作用,举办丰富多彩的文化活动、学术讲座和学生社团活动。这些活动不仅能够丰富学生的课余生活,提升学生的综合素质,还能激发师生的创新思维和实践能力。例如,通过举办职业技能大赛、创新创业项目展示、行业前沿讲座等活动,不仅能够让学生近距离接触行业动态,了解市场需求,还能激发学生的职业兴趣和创业热情。同时,学生社团作为校园文化的重要组成部分,学校应鼓励其开展多样

创新驱动发展背景下高职院校产教融合实施途径研究

化的活动,如志愿服务、社会实践、文化交流等,以增强学生的社会责任感和实践能力,为产教融合提供有力的人才支撑。

其次,高职院校应注重品牌塑造和传播,提升学校的知名度和美誉度。品牌是学校无形的资产,是吸引优质生源和合作伙伴的重要因素。高职院校应充分利用媒体平台,如官方网站、社交媒体、教育App等,及时发布学校的最新动态、教学成果、科研实力和社会服务能力等信息,让社会公众更加了解学校,增强对学校的信任和支持。此外,高职院校还应积极参与各类教育展览、论坛、研讨会等活动,展示学校的办学特色、专业优势和产教融合成果,与同行交流经验,寻求合作机会,进一步提升学校的行业影响力和社会认可度。

在品牌塑造和传播的过程中,高职院校应坚持真实性、创新性和持续性的原则。真实性要求学校展示的内容必须真实可信,避免夸大其词或虚假宣传;创新性要求学校在品牌传播中注重创意和策略,运用新颖的方式和手段吸引公众关注;持续性则要求学校将品牌塑造和传播作为一项长期工作,持续投入资源和精力,不断巩固和提升品牌形象。

一个拥有鲜明特色和良好声誉的高职院校,不仅能够吸引更多优质生源和合作伙伴,还能有效增强社会公众对产教融合的认同与支持。当学校的教学成果、科研实力和社会服务能力得到广泛认可时,社会各界将更加愿意与学校开展合作,共同推动产教融合向更深层次发展。这不仅有助于提升学校的教育质量和人才培养水平,还能为经济社会发展提供更多高素质、高技能人才,实现学校、企业和社会共赢的局面。

在推进产教融合的过程中,高职院校与社会公众的协作关系至关重要。通过举办文化活动、学术讲座、展示教学成果等方式,高职院校不仅营造了积极向上的校园文化氛围,还增强了社会公众对产教融合的认同与支持。同时,利用媒体平台和教育展览等途径,学校积极塑造和传播品牌形象,吸引了更多优质生源和合作伙伴。这种紧密的协作关系,促进了教育资源的优化配置,提升了人才培养质量,为经济社会发展培养了更多高素质、高技能人才,实现了学校、企业和社会共赢的良性循环。

第六章 高职院校产教融合实施情况案例分析

——以 E 市为例

为了全面把握 E 市职业教育的发展脉络及高职院校产教融合的现状与挑战,课题组于 2023 年 6 月 1 日至 9 月 30 日深入 E 市,开展了一场为期 3 个月的职业教育改革发展专题调研。这期间,课题组系统研读了国家及省相关政策文件,精心组织了 10 场座谈会,与职业院校、企业代表及行业部门进行了广泛而深入的交流。通过问卷调查、实地探访等多种方式,课题组搜集了大量宝贵的第一手资料。在细致整理与深入分析这些资料的基础上,结合调研初衷,课题组最终撰写完成了关于 E 市职业教育产教融合实施情况的调研报告,为 E 市职业教育的未来发展提供了有力参考。

第一节 E 市产教融合实施的指导思想和基本原则

一、指导思想

在新时代的征程上,必须坚定不移地以习近平新时代中国特色社会主义思想为指引,全面贯彻党的二十大精神,确保各项事业沿着正确的方向前进。在这一思想的引领下,要完整、准确、全面贯彻新发展理念,深刻认识到科技、人才和创新在国家发展中的核心地位。

科技作为第一生产力,是推动经济社会发展的关键力量。因此,推进事业发展要不断深化科技创新体制改革,加强科研攻关,提升自主创新能力。

同时,人才是第一资源,是科技创新的源泉和动力。要深入落实人才强国战略,加大人才培养和引进力度,为经济社会发展提供坚实的人才保障。此外,创新是第一动力,是引领发展的第一动力。我们要激发创新活力,推动形成大众创业、万众创新的生动局面。

在职业教育领域,要深入落实科教兴国战略和创新驱动发展战略,深化职业教育产教融合,加快推进E市职业教育改革发展步伐。针对改革发展过程中的难点和堵点,我们要勇于担当、攻坚克难,构建与"两个屏障""两个基地""一个桥头堡"战略定位和"走好新路子、建设先行区"目标定位相适应的现代职业教育体系。要进一步激发职业教育服务地方经济发展和主导产业转型需求的活力,促进职业教育和产业体系中的人才、智力、技术、资本、管理等要素的集聚融合、优势互补。通过加强校企合作、产教融合,培养更多高素质技术技能人才,为E市高质量发展提供强大的人力资源支撑。

二、基本原则

在E市这片充满活力的土地上,职业教育产教融合的推进正以前所未有的力度和深度展开,旨在构建适应新时代要求的职业教育体系,为地方经济高质量发展提供坚实的人才支撑。

(一)统筹部署、共同推进

在推进职业教育产教融合的过程中,E市深刻认识到统筹部署与共同推进的战略价值,这一认识基于对本地经济社会发展现状的精准把握与深入分析。相关部门以高度的前瞻性和科学性,精心构建了产教融合的顶层设计框架,旨在实现职业教育与产业发展的深度融合,推动地方经济的持续健康发展。该顶层设计框架不仅遵循了国际职业教育的发展趋势,而且紧密结合了E市的地方特色和实际需求。通过深入分析本地产业结构、市场需求以及教育资源分布等关键要素,相关部门制定了具有针对性和可操作性的产教融合实施方案。同时,通过建立跨部门的协调机制,政府、企业、学校及行业协会等多方力量被有效整合,形成了一个高效协同的工作体系。

在这一体系中,各方积极参与、信息共享、资源互补,共同推动产教融合的深入实施。政府发挥引导作用,提供政策支持和资金保障;企业则根据自身需求,积极参与人才培养和实训基地建设;学校则根据产业发展趋势,调整专业设置和课程内容,提升人才培养质量。行业协会则作为桥梁和纽带,促进各方之间的沟通与协作。

(二)服务需求、优化布局

在服务需求与优化布局方面,E市采取了具有系统性、前瞻性的策略,旨在通过优化职业教育资源配置,提升职业教育与产业发展的契合度,进而满足市场对高技能人才的迫切需求。在专业设置调整层面,E市紧密跟踪产业发展趋势和市场需求,实施动态调整策略。通过深入分析新兴产业的发展动态和未来趋势,E市及时调整学校专业设置,增设与新兴产业紧密相关的课程,如智能制造、人工智能、大数据等,以培养符合市场需求的高技能人才。这一举措不仅提升了职业教育的针对性和实效性,还有效缓解了人才供需矛盾,为产业发展提供了有力的人才保障。在课程内容优化方面,E市加快了人才培养课程内容的改革步伐。通过引入行业前沿技术、企业真实案例等资源,推动教育内容与产业需求精准对接。同时,注重培养学生的创新思维和实践能力,提升其解决实际问题的能力,从而提升人才培养的质量和效率。

此外,E市还积极探索校企合作机制的创新。通过设立产教融合专项基金、建立信息共享平台等措施,为产教融合的持续深化提供了坚实的制度保障和资金支持。这些举措不仅促进了校企之间的深度合作,还推动了教育链、人才链与产业链、创新链的有效衔接,为地方经济的转型升级提供了有力支撑。

(三)校企合作、协同育人

"校企合作、协同育人"作为E市推进产教融合的核心策略,其深远意义在于通过深化教育与产业的融合,培养符合市场需求的高素质技术技能人才,推动地方经济的转型升级。在这一理念的指导下,E市坚持以市场为导向,以企业为主体,充分发挥学校和企业在产教融合中的双主体作用,形成了一种全新的教育模式。政府在这一过程中扮演了至关重要的角色。通过

创新驱动发展背景下高职院校产教融合实施途径研究

出台一系列政策措施,E市鼓励并支持学校与企业开展深度合作,共同制定人才培养方案。这些政策不仅明确了双方在合作中的权利和义务,还为合作的顺利开展提供了有力的制度保障。在这种合作模式下,学校和企业能够充分利用各自的资源优势,实现资源共享、优势互补,共同推动人才培养质量的提升。在合作的具体实践中,E市探索了多元化的合作模式。共建实训基地是其中的一种重要方式。通过与企业合作共建实训基地,学生能够在真实的工作环境中获得实践锻炼,提升职业素养和综合能力。同时,企业也能从中选拔到高素质的技术技能人才,满足其对人才的需求,实现双赢。此外,E市还鼓励学校与企业开展联合研发项目,推动科研成果的转化和应用。实施现代学徒制等新型人才培养模式,也是E市在产教融合实践中的一大亮点。

为了进一步深化产教融合,E市还积极推进产教融合试点建设。选取了一批具有代表性的企业和学校作为试点单位,先行先试,探索适合本地特色的产教融合模式。这些试点项目不仅为E市的产教融合工作积累了宝贵经验,也为全国范围内的产教融合实践提供了有益借鉴,展现了E市在产教融合领域的创新精神和探索精神。

(四)问题导向、力求实效

面对校企合作实践中日益凸显的边界界定不明晰及政策壁垒等复杂问题,E市采取了具有高度针对性的策略,秉持问题导向原则,力求在实操层面取得显著成效。该市首要举措在于系统性地完善相关政策法规框架,精确界定校企双方在合作活动中的权利、责任与利益分配,此举有效缓解了过往因制度模糊所导致的交易成本上升现象,为产教融合的深度实施铺设了坚实的制度基础。此外,E市积极促进全要素的深度整合与交融,不仅局限于人才培育与技术交流的层面,而且将资本流动、管理经验共享乃至企业文化融合等多维度要素纳入考量,旨在构建一个多维度、深层次的产教协同生态系统。这种全方位、立体化的融合策略,有助于激发各方潜能,促进资源高效配置,形成产教互动、互利共赢的良性循环机制。尤为值得一提的是,E市在实施过程中,高度重视策略的有效性与执行效率,通过建立一套包含定期

150

评估、即时反馈与动态调整在内的管理机制,确保每一项改革措施均能精准对接实际需求,实现预期效果。这种以实效为核心,兼顾理论与实践紧密结合的工作模式,不仅极大地拓展了产教融合的深度与广度,更为E市职业教育体系的转型升级与地方经济的可持续发展注入了强劲的动力与新的增长点,展现了地方政府在推动产教融合高质量发展方面的前瞻视野与实践智慧。

E市在推进职业教育产教融合的过程中,既注重顶层设计,又强调实践探索,通过多方参与、协同推进,不断优化布局、深化合作,力求在破解难题中寻求突破,在服务地方经济发展中展现作为,为构建现代职业教育体系、推动地方经济高质量发展贡献了E市智慧和力量。

第二节　E市产教融合实施的背景

一、政策背景

2019年10月,国家发展和改革委员会、教育部等六部门印发的《国家产教融合建设试点实施方案》(发改社会〔2019〕1558号)明确提出,通过试点,在产教融合制度和模式创新上为全国提供可复制借鉴的经验,建立健全行业企业深度参与职业教育和高等教育校企合作育人、协同创新的体制机制,推动产业需求更好融入人才培养过程,构建服务支撑产业重大需求的技术技能人才和创新创业人才培养体系,形成教育和产业统筹融合、良性互动的发展格局,基本解决人才供需重大结构性矛盾,教育对经济发展和产业升级的服务贡献显著增强。

文件强调,从2019年起,在部分省、自治区、直辖市以及计划单列市,试点建设首批20个产教融合型城市。适时启动第二批试点,将改革向全国推开。试点城市应具有较强的经济产业基础支撑和相对集聚的教育人才资源,具有推进改革的强烈意愿,推出扎实有效的改革举措,发挥先行示范引领作用,确保如期实现试点目标。

2020年12月28日,M省发展和改革委员会、教育厅等六部门在《M省产教融合建设试点实施方案(试行)》中提出,通过产教融合试点建设,基本达到或接近国家深化产教融合试点省(直辖市)的相关要求,积极争取列入国家第二批、三批试点省(自治区),并将E市列为M省首批产教融合型试点城市。

2023年6月8日,国家发展和改革委员会等部门发布的《职业教育产教融合赋能提升行动实施方案(2023—2025年)》(发改社会〔2023〕699号)提出梳理总结首批国家产教融合试点城市经验做法,启动遴选第二批30个左右的国家产教融合试点城市,推动产教融合试点城市出台扎实有效的改革举措,发挥示范引领作用。鼓励各地培育遴选一批省级产教融合试点城市,建立产教融合试点城市体系。国家产教融合试点城市优先从省级产教融合试点城市中产生。

二、产业背景

(一)E市经济发展整体情况

E市经济总量连续跨越2个千亿台阶,2022年经济总量突破5000亿大关,地区生产总值达到5613.44亿元,增长5.6%,位居全国地级城市第45位,人均地区生产总值突破25万元,位居全国地级城市第一位;一般公共预算收入842.8亿元,增长52.7%;固定资产投资增速为21.4%。社会消费品零售总额跃升至全省第三位,增速保持正增长并领跑全区,外贸进出口总额实现倍增。2023年,全市完成地区生产总值5849.86亿元,扣除价格因素影响,同比增长7.0%。其中,第一产业增加值为202.60亿元,同比增长6.3%;第二产业增加值为3938.56亿元,同比增长5.7%;第三产业增加值为1708.69亿元,同比增长8.9%。三次产业结构为3.5:67.3:29.2。第一、二、三产业对地区生产总值的贡献率分别为3.4%、48.1%、48.5%。人均地区生产总值达到264699元,同比增长5.7%。一般公共预算收入累计完成910亿元,增长8%。其中税收697.6亿元,非税收入212.4亿元,税收占比为76.7%。

（二）E市产业转型升级情况

E市作为资源型城市被确定为全国首批产业转型升级示范区。E市委、市政府深入贯彻党的二十大精神,聚焦完成五大任务,坚决践行示范区任务要求,全力推进"三个四"①工作部署,不断推动资源型地区转型发展。2022年,被评为产业转型升级示范区建设良好城市。2023年,被评为产业转型升级示范区建设优秀城市和在重点领域(E市零碳产业园建设)取得积极成效的产业转型升级示范城市,获得国家四部委通报表扬。

1.政策先行,高位推动

为了深入探究E市产业转型升级的有效路径,E市政府采取了一系列具有前瞻性和战略性的政策措施。具体而言,政府相继颁布了《E市人民政府关于印发加快推动"专精特新"中小企业高质量发展的实施意见》(〔2022〕103号)、《加快建立健全绿色低碳循环发展经济体系重点任务分工方案》(〔2022〕144号)、《E市打造世界级煤化工产业实施方案的通知》(〔2022〕166号)以及《E市构筑世界级羊绒产业行动方案》(〔2022〕170号)等一系列政策性文件。这些文件的出台,不仅标志着E市政府在推进产业转型升级方面的坚定决心,更为E市的产业发展提供了明确的指导和方向。从学术角度来看,这些政策文件通过细化科技创新、专精特新中小企业培育、绿色低碳循环经济建设、煤化工及羊绒产业等重点任务,为E市的产业发展勾勒出了一条清晰的发展路径。在政策文件的引导下,E市的资源配置得以优化,企业的创新活力被有效激发,产业核心竞争力显著增强。这不仅促进了E市经济的快速增长,更为其实现产业结构的优化升级和经济的可持续发展奠定了坚实基础。

此外,这些政策文件的出台还体现了E市政府对产业发展的高度重视和深远规划。通过明确的发展目标和任务分工,E市成功吸引了大量投资,进一步推动了其经济高质量发展。综上所述,E市政府出台的这些政策性文件

---

① "三个四"是E市根据党的二十大精神提出的发展目标任务,具体包括构筑"四个世界级产业"、建设"四个国家典范"、打造"四个全国一流"。

创新驱动发展背景下高职院校产教融合实施途径研究

在推进产业转型升级方面发挥了关键作用,为学术研究和实践探索提供了宝贵的经验和启示。

2.转型发展,新貌呈现

在相关政策的引导和激励下,E市作为国家重要能源和战略资源基地,正全力推进产业转型升级,致力于提升产业发展能级。在新能源领域,E市实现了大规模高比例的开发利用,"沙戈荒"风光基地已开工建设。截至目前,该市已建成新能源装机638万千瓦,并有34项新能源项目正在实施中。这一系列的举措不仅彰显了E市在新能源领域的重要地位,也为未来的可持续发展奠定了坚实基础。

在推动新能源产业发展的同时,E市还初步构建起了一个集能源生产、装备制造、应用示范于一体的"风光氢储车"全链条产业集群。该集群的发展不仅促进了相关产业的协同发展,还推动了技术创新和产业升级。值得注意的是,E市在全区率先实现了大尺寸光伏组件和现代化氢燃料电池电堆的下线,并建成了首个绿电制氢加氢储氢一体化项目。此外,零碳产业园区的蓬勃发展也为E市的绿色发展注入了新的活力,其零碳园区模式已成功"出口"海外。

除了新能源领域,E市还立足国家现代煤化工示范区,坚持将煤炭资源高效利用,构筑起了煤制甲醇和烯烃、煤基新材料等多条产业链。截至目前,该市已形成现代煤化工产能1950万吨,约占全国总量的10%。这一系列的举措不仅提升了E市的产业竞争力,也为我国煤化工产业的发展提供了有力支撑。

3.创新突出,支撑有力

在2023年度,E市在研究与试验发展(R&D)领域的经费投入显著增长,达到了53.2亿元人民币,相较于上一年度增加了9.1亿元,实现了20.6%的增幅。这一增长率已连续3年保持在两位数水平,显示出强劲的增长势头,并且R&D经费的增长速度超越了同期GDP的增长速度。

从区域贡献的角度来看,E市对全省R&D经费增长的贡献率高达48.9%。此外,R&D经费的投入强度(即R&D经费占GDP的比例)也达到了

0.91%,相较于上一年度提高了0.12个百分点,这进一步体现了E市在科技创新方面的持续投入和重视。

在科技创新方面,E市取得了显著的成就,成功跻身全国科技创新百强城市的行列,并被批准建设国家可持续发展议程创新示范区。这一系列的荣誉和成就,为E市的科技创新发展奠定了坚实的基础。

同时,E市还建成并投用了一批高水平创新平台,如北京大学E市能源研究院、中国矿业大学(北京)M研究院、E市实验室以及羊绒产业技术创新战略联盟等。这些平台的建立,为E市的科技创新提供了有力的支撑。

此外,E市还刚性引进了两名院士,实现了院士"零"的突破。在高新技术企业和科技型中小企业方面,E市也取得了显著的增长,高新技术企业数量达到228家,增长34%;科技型中小企业数量达到358家,增长110%。同时,还新增了43家"三清零"企业,总数达到160家。此外,还评定了科技创新10强企业和50强企业,为E市的科技创新发展注入了新的活力。

三、教育背景

近年来,E市积极响应并深入贯彻习近平总书记关于职业教育的重要论述精神,全面执行中央及M省层面的职业教育战略部署,敏锐把握职业教育正经历的深刻变革、结构调整与快速发展机遇期,秉持前瞻思维、先行先试的原则,以务实举措破解难题,以真抓实干开启新局,于M省职业教育蓬勃发展的浪潮中,率先吹响了E市的奋进号角。

(一)职业教育基本概况与体系建设

E市职业教育体系日趋完善,形成了涵盖中职、高职及应用型本科的多层次、宽领域的教育体系。目前,E市共有中职学校与高校14所,其中独立中职学校10所,提供45个专业选择;高职院校3所(含中职部2个),涵盖76个专业方向;应用型本科院校1所(含中职部1个),设置30个专业。这一布局不仅丰富了教育资源,也满足了不同层次学生的学习需求。

在生源和师资结构上,E市职业教育体系内共有在校生3.4万人,其中中职学生1.5万人,高校学生1.9万人。教职工总数达到3000人,专任教师占比高达80%，即2400人，为教学质量提供了坚实保障。在"双师型"教师队伍的建设方面，中职学校和高职院校中"双师型"教师分别占专业教师总数的58%和48%，这一比例彰显了E市在提升教师实践能力、促进产教融合的决心与成效。

在专业建设方面，E市已成功打造国家级骨干专业2个——"学前教育"与"煤炭深加工与利用"，以及省级一流本科专业6个，包括"机械工程""化学工程及工艺""土木工程""自动化""电子信息科学与技术""计算机科学与技术"等。这些专业不仅与地方经济社会发展紧密相关，也反映了E市在特定领域的优势与特色。

此外，E市还建成了M省首个智能制造实验实训中心，获批2个省级实验教学示范中心，以及国家级技能大师工作室1个、省级技术大师工作室3个，为技术技能人才培养提供了高水平平台。同时，省级院士工作站（矿山地质与环境院士工作站）及精馏技术国家工程研究中心E市分中心的建立，进一步提升了E市在科研创新与技术转化方面的能力。"云·智工坊"被认定为省级众创空间，为创新创业提供了有力支撑。至此，E市已基本构建起从中职到高职，再到应用型本科的现代职业教育主体框架，为区域经济转型升级提供了坚实的人才支撑。

(二)职业教育发展政策与制度保障

为推动职业教育步入高质量发展的快车道，E市近年来在政策层面进行了系统而深入的布局，构建了一套全方位、多层次且互为支撑的政策支持体系，这一系列举措不仅彰显了地方政府对于职业教育改革与发展的高度重视，也为新时代背景下人才工作的全面推进奠定了坚实基础。

2021年，随着《E市关于加强新时代人才工作助推高质量发展的若干政策》(〔2021〕22号)文件的正式颁布，E市正式将人才战略提升至城市发展议程的核心位置。该文件不仅强调了人才作为第一资源的重要性，还特别针对职业教育的人才培养与高端人才引进提出了具体政策导向，旨在通过优化人才结构，促进人才链与产业链、创新链的有效对接，为区域经济转型升级提供强大的人才支撑。紧接着，在2022年初，《E市产业工人队伍建设改革扩面提质增效工作方案》(〔2022〕3号)的出台，进一步细化了产业工人队伍建设的战略目标与实施路径,明确提出职业教育需紧密围绕地方产业发展需求,通过改革教学模式、提升技能培训质量等手段,为产业升级输送大批高素质技能型人才,有效促进了教育与产业的深度融合。同年,E市在职业教育改革领域密集发布了多项关键性政策文件,其中,《E市人民政府关于印发〈E市职业教育改革发展实施方案〉的通知》(〔2022〕78号)与《E市人民政府关于印发〈职业教育改革发展激励办法〉的通知》(〔2022〕100号)尤为引人注目。前者详细规划了职业教育改革的总体目标、主要任务、实施步骤及保障措施,为改革提供了清晰的时间表和路线图;后者则通过一系列激励措施,如资金扶持、荣誉表彰等,激发了职业院校、企业及社会各界的参与热情,为改革注入了强大动力。

　　值得一提的是,《E市人民政府办公室关于印发〈贯彻落实全省职业教育大会精神　推动E市职业教育高质量发展意见〉的通知》(〔2022〕106号),该文件深刻领会并积极响应全省职业教育大会精神,结合E市实际情况,提出了深化产教融合、校企合作,优化职业教育结构与布局,强化师资队伍建设,以及提升教学质量与效率的系列举措。这些措施不仅为E市职业教育的高质量发展指明了方向,也为实现职业教育与经济社会发展的深度契合提供了坚实的制度支撑,标志着E市职业教育正步入一个全新的发展阶段,其成功经验有望为其他地区提供有益的借鉴与启示。

　　(三)职业教育质量提升与支撑能力增强

　　E市教育教学领域的深化改革与教师队伍建设的持续强化,加之职业教育教学诊断与改进制度的初步探索实践,共同推动了职业院校办学质量的显著提升。这一系列举措不仅加速了人才培养模式与课堂教学改革的步伐,而且初步显现了各职业院校向特色化发展迈进的趋势,为畅通学生的升学与就业通道奠定了坚实基础。具体而言,教育教学改革方面,各职业院校积极探索适应新时代要求的教学模式,注重理论与实践的深度融合,以提升学生的综合素质与职业技能为核心,不断优化课程体系与教学内容。教师队伍建设的推进,则通过加强师德师风建设、提升教师专业素养与教育教学能力,以及完善教师评价与激励机制等措施,为教育教学质量的提升提供了有力的人才支撑。同时,职业教育教学诊断与改进制度的初步探索,为职业院校的自我评估、持续改进与高质量发展提供了科学依据。各职业院校通过定期开展教学诊断活动,及时发现并解决教育教学过程中存在的问题,不断完善内部质量保证体系,提升了人才培养的针对性与实效性。在此背景下,各职业院校的升学与就业成果显著。参加对口高考的中职学生升学率实现了100%的突破,本科上线率稳定在30%左右,充分展现了职业院校在高等教育体系中的重要地位与贡献。同时,参加就业的学生就业率高达95%以上,毕业生"双证书"(即毕业证书与职业资格证书)获得率达到80%,这些数据不仅反映了职业院校人才培养质量的不断提升,也彰显了职业教育在服务地方经济社会发展中的重要作用。

E市职业教育对于地区经济发展的支撑与推动作用显著增强,这得益于校企合作模式的深入推进与产教融合战略的全面实施。校企双方围绕人才培养与科技创新展开了更为紧密的合作,形成了协同育人的新模式,显著提升了科研培训与技术服务对企业发展的实际贡献。具体而言,校企协同育人的实践不断深化,通过资源共享、优势互补,不仅优化了人才培养方案,还促进了学生实践技能与创新能力的全面提升。同时,科研培训服务企业的成效日益显著,高校与科研机构依托自身科研优势,为企业提供定制化、高精尖的技术解决方案,有效助力了企业的技术升级与产品创新。此外,订单培养与冠名培养等新型人才培养模式逐步成为常态,这些模式不仅为企业提前锁定了一批高素质的技术技能型人才,也为学生的就业与发展提供了更为广阔的空间与机遇,实现了学校、企业与学生三方的共赢。这一系列举措不仅推动了地区经济的持续发展,也为职业教育与产业发展的深度融合提供了有益的借鉴与启示。

第三节　E市产教融合的主要措施及成效

2020年12月28日,M省发展和改革委员会、教育厅等六厅局携手发布了《M 省产教融合建设试点实施方案(试行)》,并正式将 E 市列为 M 省首批产教融合试点城市的重点培育对象。近年来,在 E 市委、市政府的深切关注与高度重视之下,产教融合工作取得了显著的进展与实质性的突破。通过政策引导与实践探索,E 市在产教深度融合方面已取得了长足的发展,为区域经济的转型升级与职业教育的高质量发展注入了新的活力。

一、强化机制,合力推动职业教育高质量发展

为推动职业教育迈向高质量发展的新阶段,E 市采取了一系列富有前瞻性和战略导向的政策举措,旨在构建一个全面而系统的职业教育发展体系。这一系列政策文件,包括《E 市职业教育改革发展实施方案》《关于加强市属高等院校服务管理的意见》《E 市职业教育改革发展激励办法》《E 市职业教育工作联席会议制度》以及《E 市中高职院校服务产业链专业建设目录》等,不仅明确了职业教育改革的方向与目标,而且提供了具体的实施路径和激励措施,为 E 市职业教育的转型升级奠定了坚实的政策基础。"一本三专"的"十四五"发展规划,作为 E 市职业教育发展的蓝图,其制定体现了对职业教育深度与广度发展的双重考量。该规划通过整合教育资源、优化专业布局,旨在形成职业教育与普通教育相互融通、优势互补的新格局,为培养适应产业发展需求的高素质技能型人才提供有力支撑。

在此基础上,E 市职业教育产教融合联盟的成立,标志着职业教育发展模式的一次深刻变革。这一联盟通过强化政府、学校、企业及行业组织之间的协同合作,有效破解了职业教育改革中的体制性障碍和资源分散问题,促进了教育链、人才链与产业链、创新链的有效衔接,为职业教育的持续健康发展提供了强大的组织保障和动力源泉。

在实践探索层面,E 市某中学开设的职普融通试点班,不仅是对职业教育人才培养模式的一次创新尝试,也是对学生多元化发展需求积极响应的体现。该试点班的成功招生,不仅拓宽了学生的升学与就业渠道,也为后续职业教育的深化改革积累了宝贵经验。

为进一步强化职业教育的物质基础,E 市在财政投入上展现出了极大的决心与力度。2023—2025年间，针对"一本三专"的4所院校，E市安排了高达10.21亿元的专项资金，专项用于基础设施的现代化改造与教学资源的优化配置。此外，每年1亿元的职业教育发展专项资金，更是精准施策，重点支持新专业的开设、科研项目的深度挖掘、师资队伍的专业化建设以及"风光氢储车"等战略性新兴产业相关的产教融合项目。这些资金的有效利用，不仅为职业教育的发展注入了强劲动力，还通过资金杠杆效应，吸引了社会资本、行业基金等多元投资主体的积极参与，共同构建了职业教育发展的新生态，为E市乃至整个区域经济社会的转型升级和可持续发展注入了新的活力与动能。

二、搭建平台，增强职业教育的适应性与贡献力

在推动高等教育与地方经济深度融合的浪潮中，E市人民政府与M省教育厅携手签署了《厅市共建E市应用技术学院协议》，这一里程碑式的合作不仅标志着双方在高等教育领域的深度合作正式拉开序幕，也预示着E市在培养高素质应用技术型人才方面迈出了坚实的一步。同时，E市积极拓宽合作视野，与全国范围内超过20所知名高等院校建立了校地合作关系，这些合作覆盖了专业建设、人才培养等多个维度，旨在通过资源共享、优势互补，共同促进教育与产业的协同发展。

辽宁工程技术大学E市研究院与中国地质大学（武汉）M省研究院的正式揭牌及签约落地，不仅为E市的产业发展注入了新的科研动力，也为高等教育机构拓宽服务面向、深化产学研合作提供了鲜活案例。这两大研究院的成立，不仅意味着高端科研资源的直接引入，更预示着在技术创新、成果转化等方面将有一系列实质性的进展，为地方经济的转型升级和高校的内涵式发展注入强劲动力。

在产教融合、校企合作的探索之路上，E市采取了更为灵活多样的合作模式，持续扩大冠名培养、订单培养、委托培养及定向培养的规模，形成了独具特色的"2+2+2"贯通培养模式。这一模式创新性地将中职教育、企业实践与高职教育三个阶段紧密结合，既保证了学生理论知识的系统学习，又通过

企业实践环节强化了其职业技能和实际操作能力,为地方经济输送了大量具备扎实理论基础与实践经验的高素质技术技能人才。据统计,每年通过校企合作培养的学生人数超过2000人,共建实习实训基地达156个。这些基地不仅为学生提供了真实的职业环境,也为企业的技术革新和人才储备提供了有力支撑。

为了进一步推动产教融合向纵深发展,E市积极构建产业学院和市域产教联合体,通过职业院校与行业企业的深度合作,成立了包括大飞机现代产业学院、现代能源化工产业学院在内的11个产业学院,以及11个职教集团。这些产业学院和职教集团不仅覆盖了传统优势产业,还涉及了新能源、数字经济等新兴领域,体现了E市在产业结构优化升级方面的前瞻布局。其中,大飞机现代产业学院和现代能源化工产业学院更是荣获了省级"本科高校现代产业学院建设点"的荣誉,这不仅是对E市产教融合成果的肯定,也为后续深化合作、提升水平奠定了坚实基础。

在产教融合实践中心的建设上,E市同样取得了显著成效。E市的8个实践中心,包括E市理工学校的烹调与酒店管理产教融合实践中心、E市职业学院的新能源汽车技术、网络与信息安全、能源化工、智能装备、建筑行业等多个领域的产教融合实践中心,以及M省幼儿师范高等专科学校的托幼一体化产教融合实践中心,均成功入选M省首批产教融合实践中心试点建设名单。这些实践中心的建立,不仅为学生提供了更加贴近行业实际的实训平台,也为推动行业标准的制定、技术创新和人才培养模式的改革提供了重要载体。

此外,E市还加速推进东中西大型公共实训基地的建设,特别是在中部K区,正致力于打造集"产学研训、考赛创就"功能于一体的综合公共实训基地。该基地的建设旨在通过整合教育资源、科研力量和企业资源,构建一个开放共享、高效协同的实训体系,为提升区域职业教育质量、促进产业升级和经济发展提供强有力的支撑。目前,该基地已完成选址用地、土地测量、任务书编制等前期工作,预示着其即将进入实质性的建设阶段,未来将成为E市乃至更广泛区域内产教融合的新高地。

三、提质培优,服务主导产业转型发展

在深化职业教育改革与创新的背景下,E市积极响应国家关于提升职业教育质量与效益的号召,全面推进"双高双优"(即高水平高职学校和高水平专业群,优质中职学校和优质专业)建设战略,取得了显著成效。这一战略不仅促进了职业教育资源的优化配置,还显著提升了职业教育服务地方经济社会发展的能力。具体而言,E市在职业教育领域的卓越表现体现在多个方面。首先,3所中职学校成功入选M省优质学校建设单位,这不仅是对这些学校在教育教学、学校管理、社会服务等方面综合实力的认可,也标志着E市中职教育在全省范围内的领先地位。同时,12个中职专业被列入M省优质专业建设名单,进一步彰显了E市在专业建设上的深厚底蕴和前瞻视野。特别是内蒙古民族幼儿师范高等专科学校的学前教育高职专业,凭借其独特的教育理念和优质的教学资源,成功入选M省高水平专业(群)建设名单,为培养更多高素质的学前教育人才奠定了坚实基础。

在优化专业布局方面,E市紧密围绕主导产业链和未来产业发展趋势,精心编制了《E市中高职院校服务产业链专业建设目录》。该目录不仅明确了职业院校在"十四五"期间的发展定位和专业调整设置方向,还对新增设的急需专业和紧缺专业给予了最高500万元的开办费支持。这一举措不仅有助于提升职业教育与产业发展的契合度,还促进了职业教育资源的精准投放和高效利用。

在加强职业教育技能培训功能方面,E市积极创新,成立了E市退役军人产业学院和E市退役军人乡村振兴学院。这两个学院的成立,不仅为M省退役军人在创业、就业培训、继续教育、产业人才培养等方面提供了全方位的服务,还推动了退役军人高质量就业的实现。此外,E市还支持职业院校成立社区学院、开放大学和老年大学,以满足人民群众多样化的教育需求。其中,5所中职学校入选M省老年教育社区教育教学点试点院校,为构建终身教育体系、促进学习型社会建设贡献了重要力量。

在加强队伍建设方面,E市同样不遗余力。为了提升职业教育教师的专

业素养和教学能力,E市出台了《E市高等教育人才引进专项计划实施办法》,并在全M省率先实行高职院校教师编制总量控制。通过增核控制数807人,4所高校累计引进教师358人,其中博士21人、硕士262人、本科生75人。这一举措不仅优化了教师队伍结构,还提升了教师队伍的整体素质。同时,E市还积极组织职业院校教师参与各级各类职业技能大赛和教师教学能力大赛。自2022年以来,在金砖国家职业技能大赛中,一所职业高级中学的老师荣获三等奖两次;在全国职业院校教学能力大赛中,E市理工学校更是一举夺得一等奖,实现了E市在该类赛事中的"零"突破。这些成绩的取得,不仅展示了E市职业院校教师的专业素养和教学能力,也进一步激发了广大教师投身教育教学改革的热情和动力。为了持续提升职业教育教师的素质和能力,E市还实施了职业教育教师素质提升计划。该计划包括建立职业院校"双师型"教师5年一周期的轮训制度,以及深入推进校企"双向挂职"活动等措施。通过培训和实践锻炼,E市职业院校教师的教育教学能力和专业实践能力得到了显著提升。预计到2025年末,"双师型"教师比例在中高职学校中将分别达到60%和70%以上。这一目标的实现,将为建设"技能E市"提供有力的人才支撑和智力保障。

第四节 E市高职院校产教融合中的问题

E市高职教育产教融合取得了令人瞩目的成就,但还存在一些问题。根据基于创新系统的高职院校产教融合路径创新方案,我们从"高职院校与研究型大学之间""高职院校与政府之间""高职院校与企业之间""高职院校与中介机构之间""高职院校与社会公众之间"等维度分析E市产教融合的问题。

一、高职院校与研究型大学之间

在当前经济全球化与科技进步日新月异的背景下,区域经济的竞争力

创新驱动发展背景下高职院校产教融合实施途径研究

日益依赖于其高等教育与科研创新的能力。鉴于E市当前高等教育资源相对匮乏，且其经济发展正处于亟需高水平智力支持的关键时期，E市政府采取了一系列积极有效的策略，旨在通过深化与国内顶尖高等学府的合作关系，提升本地高等教育与科研水平，为经济社会的发展注入新的活力与动能。

E市政府与国内数所享有盛誉的高等学府建立深度合作关系的战略举措，不仅彰显了其提升本地科研实力的坚定决心，也体现了其对于创新驱动发展战略的深刻理解与实践。这一系列的合作成果，以多个共建研究院的成立为标志，为E市的科技创新与产业升级提供了强有力的支撑。具体而言，2022年9月，E市携手中国矿业大学（北京），共同创建了"中国矿业大学（北京）M省研究院"。这一研究院的成立，不仅标志着E市在矿产资源开发与利用领域科研能力的提升，更通过聚焦行业关键技术难题，为地方企业提供了精准的技术支持与服务。研究院的科研人员与本地企业紧密合作，共同攻克了一系列技术瓶颈，有效促进了产学研的深度融合，推动了地方产业结构的优化与升级。2022年11月21日，E市又与北京大学强强联合，成立了"北京大学E市能源研究院"。这一研究院聚焦能源科学与技术的创新研究，旨在通过科学研究与技术革新，推动E市能源结构的优化与升级，为地方经济的可持续发展提供强有力的科技支撑。研究院成立以来，已围绕新能源开发、节能减排等领域开展了一系列前沿研究，为E市乃至全国的能源转型与绿色发展贡献了重要力量。进入2023年，E市在科研合作方面继续发力，2月份与辽宁工程技术大学合作成立了"辽宁工程技术大学E市研究院"。该研究院致力于工程技术领域的科学研究与技术推广，通过提供技术咨询、技术培训等服务，为E市的基础设施建设与产业升级提供了重要的技术支持与智力保障。研究院的成立，不仅提升了E市在工程技术领域的科研实力，也促进了地方企业与高校之间的紧密合作，加速了科技成果转化与应用。然而，尽管这些研究院在聚焦本地科研难题、与本地企业建立紧密联系方面取得了显著成效，但它们在引领和推动本地高职院校发展方面的作用仍有待加强。高职院校作为地方技能人才培养的重要基地，其教育质量与科研成果的转化能力直接关系到地方经济的长远发展。因此,如何更好地发挥研究院的引领作用,促进高职院校科研与教学水平的提升,成为E市当前面临的一个重要课题。

未来,E市应进一步探索和完善研究院与高职院校的合作机制,推动双方在科研项目、人才培养、学术交流等方面的深度融合。具体而言,可通过共建实验室、联合培养研究生、共享科研成果等方式,加强研究院对高职院校的科研支持与教学指导。这不仅有助于提升高职院校的科研实力与教学质量,还能促进科研成果的转化与应用,为地方经济发展提供更多的人才支撑与技术保障。同时,E市还应积极营造良好的科研氛围与创新环境,通过出台相关政策措施,吸引更多的高层次人才和优质教育资源汇聚于此。这包括提供科研资金支持、优化人才引进政策、加强知识产权保护等,共同推动地方高等教育的跨越式发展。通过这些举措的实施,E市将能够进一步提升其高等教育与科研水平,为经济社会的可持续发展奠定坚实的基础。

二、高职院校与政府之间

E市政府对高职院校的发展给予了大力支持,但高职教育产教融合领域仍面临一系列挑战,特别是在政策引导、产教融合机制及政策制度完善方面,这些问题严重制约了职业教育的吸引力及其对社会经济发展的贡献能力。

首先,政策引导力度不足,成为制约职业教育吸引力的关键因素。相较于普通教育,职业教育在学生出口、职业发展潜力等方面显得相对狭窄,这直接导致了职业教育在社会认知中的边缘化。学生在选择教育路径时,往往因对未来就业前景的担忧而倾向于选择普通教育而非职业教育。此外,针对招生困难的专业及招工困难的产业,地方政府在专业建设、课程开发、师资培养以及企业吸纳学生实习就业等方面缺乏具体的政策支持和资金投入。这种政策缺失不仅加剧了职业教育资源的稀缺性,也限制了职业教育在解决地方经济发展瓶颈中的潜力发挥。因此,加强政策引导,提升职业教育的社会认可度与吸引力,成为当前亟待解决的问题。

其次,产教融合机制的不协调进一步阻碍了职业教育的健康发展。当前,E市高等职业院校产教融合的管理体系存在一定程度的条块分割现象,业务主管部门归属于M省教育厅,而考核则由省级组织部门负责,这种管理模式导致地方在推进职业教育发展时缺乏足够的统筹力与执行力。此外,缺乏一个由政府主导、相关部门广泛参与的职业教育工作联席会议制度,使得职业教育的发展规划、资源配置、政策制定等关键环节缺乏统一高效的协调机制。这种机制上的不协调,不仅影响了职业教育与产业发展的深度融合,也增加了院校与企业之间对接合作的难度,从而降低了职业教育服务地方经济的能力。

最后,管理制度的不完善,特别是校企权责界定不清,是E市高职院校产教融合亟待解决的问题。在E市高职院校与企业合作过程中,由于缺乏明确的法律法规和政策指导,校企双方的责权利关系模糊不清,企业的合法权益难以得到有效保障。企业在提供实习实训岗位、参与课程开发、共建实训基地等方面投入大量资源,却往往难以获得相应的回报,甚至还要承担学生在实习过程中可能发生的安全事故风险。这种权责不清的现状,严重挫伤了企业参与职业教育的积极性,导致校企合作难以形成良性循环。同时,职业院校在尝试引企入校、构建"校中厂"等创新模式时,也面临着政策层面的障碍。一些院校因担心国有资产流失等问题,在审计过程中受到质疑,使得校企合作项目难以顺利推进,陷入了进退两难的境地。

三、高职院校与企业之间

高职院校与企业之间存在的问题是产教融合的主要问题,这些问题主要包括两个方面:一是人才培养的专业结构与社会需求不匹配,二是校企合作"学校热、企业冷"。

为了获取人才培养的供需结构方面的信息,课题组走访了E市8个经济开发区,对208家企业发放了调研问卷,对国有企业和民营企业,涉及煤化工、煤炭、电力、装备制造、新能源、旅游、酿酒等产业进行了调研。调研统计,用工短缺是调研中最为突出的问题,煤炭开采、煤化工、新能源、新材料、装备制造业,化工设备操作工、化工工艺员、机电维修工、锅炉工、焊工、程序

第六章　高职院校产教融合实施情况案例分析——以E市为例

员、电工等需求量最大。"十四五"期间总用工缺口达到约46000人,平均每年缺9200人,而E市中高等职业院校每年培养毕业生7000余人(含中职每年毕业生4000余人,实际上这部分学生80%升入高等院校),E市技术技能型人才培养存在缺口约5400人。调研还显示,E市需逐步增设精细化工技术、化工智能制造技术、化工生物技术、新能源装备技术、硅酸盐化工、爆破技术、轻纺化工技术、工业过程自动化技术、健康大数据管理与服务、研学旅行管理与服务、智慧景区开发与管理、公共文化服务与管理、农村新型经济组织管理、宠物医疗技术、心理健康教育等专业。职业院校的煤炭开采、煤化工、新能源、新材料等专业存在招生困难,相关企业也存在招工困难问题,统计显示,上述专业人才需求2360人/年,E市中高等职业院校供给量仅554人/年,供给严重不足。学前教育存在人才培养过剩问题,人才需求仅为1600人/年,供给量却高达3303人/年,供给严重过剩。计算机应用技术、物联网、电子商务等专业基本无人才需求,供给量950人/年,存在人才过剩情况。

在校企合作方面存在着明显的"学校热、企业冷"的局面,究其原因,一是学校的人才培养与社会需求有较大差距;二是一些企业对校企合作缺乏正确的认识。首先,关于学校人才培养与社会需求之间的差距,这一问题主要体现在教育内容与市场需求的不匹配上。随着科技的迅猛发展和产业的不断升级,社会对人才的需求也在不断变化。然而,E市高职院校的培养体系往往滞后于这些变化,导致培养出的学生在技能、知识和创新能力等方面难以满足企业的实际需求。例如,在信息技术领域,一些学校仍然过于注重理论知识的传授,而忽视了对学生实践能力和创新能力的培养,这直接导致学生很难满足实际工作岗位的需要。其次,部分企业对校企合作的认知存在偏差,这主要体现在对合作价值的低估和对合作模式的误解上。E市一些企业认为,校企合作只是学校单方面寻求实践机会和就业平台的途径,而忽视了这种合作对企业自身发展的长远价值。实际上,校企合作不仅可以为企业提供源源不断的高素质人才,还可以通过共同研发、技术转移等方式,推动企业的技术创新和产业升级。然而,由于这些企业对校企合作缺乏深入了解,导致合作过程中因顾虑学生经验不足、回报企业能力有限、工学矛盾突出、人才流失等原因采取了敷衍的态度,有些企业只有当出现用工荒时才想到了院校,未从企业的可持续发展考量角度产教融合、校企深度合作,仅将产教融合作为权宜之计,无法形成紧密型的校企合作模式。

为了缩小学校人才培养与社会需求之间的差距,并提升企业对校企合作的正确认识,我们需要采取一系列措施。一方面,学校应加强与产业界的联系,及时了解市场需求的变化,并据此调整课程设置和教学内容,以提升人才培养的针对性和实效性。另一方面,政府和社会各界也应加大对校企合作的宣传力度,引导企业树立正确的合作观念,推动双方在平等互利的基础上开展深入合作,共同培养出更多符合社会需求的高素质人才。

四、高职院校与社会公众之间

在当前复杂多变的教育体系架构中,高等职业教育作为一种独特且至关重要的教育类型,承载着培养符合社会经济发展需求的高素质技能型人才的重任。这一教育层次的明确界定,不仅是对其独特价值的认可,也是对教育多元化发展趋势的积极响应。然而,尽管高等职业教育的定位清晰且目标明确,其发展路径却并非一帆风顺,而是面临着诸多根深蒂固的挑战。其中,最为核心且亟待解决的问题,当属社会对职业教育整体认可度偏低的现象。追溯这一现象的根源,我们不难发现,它既是职业教育历史发展中某些不足的累积体现,也是外界对其价值认知局限性的直接反映。在历史的长河中,职业教育往往被视为传统学术教育的补充或辅助,而非一种独立且平等的教育类型。这种历史遗留的认知偏差,导致职业教育在资源配置、政策支持及社会声望等方面长期处于劣势地位。

具体到学生群体,他们对于自己所就读的职业院校、所持文凭的含金量以及未来的就业竞争力普遍缺乏自信。这种心理状态的形成,既源于对职业教育历史地位的认知惯性,也受到当前社会舆论环境的影响。在这种背景下,学生往往难以形成对职业教育的积极认同和高度投入,从而影响了其个人成长和职业发展的潜力挖掘。进一步分析,家长与孩子的观念偏差也是导致职业教育面临困境的重要因素。在许多家庭中,普通高中及随后的高等教育路径被视为更为"正统"和"优越"的选择,这种观念的形成与长期以来的教育体制及社会文化背景密切相关。相比之下,职业教育往往被视为"次等选择",这种偏见不仅促使大量学生盲目追求普通高中入学机会,也直接导致了职业院校生源质量的下滑和数量的严重不足。以E市为例,其11所中等职业学校的生源结构中,普遍存在学生渴望进入高等院校深造的现象,即便是高职学生,也普遍抱有继续升学至本科层次的愿望。这一趋势不仅反映了职业院校学生在追求更高学历层次方面的强烈需求,也反映出当前职业教育体系在学历晋升通道上的不畅与局限。从用人单位的角度来看,学历差异依然是招聘过程中的重要考量因素之一。不同学历层次的学生往往被预设于不同的岗位和薪酬体系之中,这种基于学历的岗位划分和待遇差异进一步加剧了职业教育学生群体的不公平感。在现实中,许多企业更倾向于招聘具有更高学历背景的求职者,即便他们在专业技能和实践经验方面可能并不具备明显优势。这种招聘偏好不仅限制了职业教育学生的职业发展空间,也加剧了社会对于学历的过度崇拜和对于技能的轻视。因此,提升职业教育的社会认可度,关键在于构建更为开放、公平的学历晋升通道,确保职业院校学生能够在学术与实践能力上获得全面认可。这要求教育体系内部实现更为科学的评价机制改革,既重视学生的专业技能培养,也不忽视其理论知识的学习。同时,应推动职业教育与普通教育之间的有效衔接与互认,打破学历晋升通道上的壁垒与障碍。

此外,社会各界需共同努力,推动形成尊重劳动、崇尚技能的良好氛围。政府、企业、学校及媒体等各方应加强对职业教育的宣传与推广,提高公众对于职业教育价值的认知与认同。通过优化政策环境、加大投入力度、提升教学质量等措施,确保高素质产业工人能够获得与其实际贡献相匹配的薪酬待遇和社会地位。只有这样,才能从根本上扭转社会对职业教育的偏见与歧视,推动职业教育实现健康、可持续发展。

需要说明的是,由于E地区的高职院校与"中介组织"尚未发生系统、实质性的联系,课题组暂时不分析这一维度。

第七章 高职院校产教融合实施路径的体系建构

根据前文的分析,高职院校产教融合活动的创新实施与"高职院校与研究型大学的协作关系""高职院校与政府的协作关系""高职院校与企业的协作关系""高职院校与中介机构的协作关系""高职院校与社会公众的协作关系"五对协作关系密切相关,课题组在这五对协作关系的基础上提出高职院校产教融合在"智力支持""政策保障""平台搭建""信息沟通""价值引导"方面的实施路径。

第一节 智力支持方面的实施路径

在高职院校产教融合的体系建构中,智力支持起着至关重要的作用。它涵盖了教育教学资源的整合、师资队伍的建设、科技创新能力的提升等多个方面,是确保产教融合深入发展、实现校企双方互利共赢的关键因素。

一、整合优质教育教学资源

产教融合的核心在于实现教育资源与产业资源的优化配置和高效利用,这对于高职院校的发展以及为社会输送高素质技能型人才至关重要。[①]高职院校应积极整合校内外优质教育教学资源,并在此过程中,特别借助研

---

① 钱程,韩宝平.多重制度逻辑下职业教育产教深度融合路径创新研究[J].职业技术教育,2018,39(04).

究型大学的优势与资源。在课程体系方面,高职院校应紧密结合产业发展需求进行重构和优化。深入调研行业动态和企业岗位要求,确定专业核心课程和拓展课程,确保课程设置既具有系统性又具有针对性。在此过程中,可以借助研究型大学在学科建设和课程开发方面的丰富经验,共同设计课程体系,使教学内容更加前沿和深入。教材资源的整合同样不容忽视。除了选用经典教材外,高职院校还应积极引入企业实际案例编写的特色教材,以及研究型大学在学术研究方面的最新成果。这些教材能够将理论知识与实际应用相结合,让学生更好地理解专业知识在实际工作中的运用,并拓宽学生的学术视野。在线教学平台的整合能为教学提供更多的灵活性和便利性。利用在线平台,学生可以随时随地进行学习,教师可以上传丰富的教学资料,如视频教程、案例分析等,拓宽学生的学习途径。高职院校可以与研究型大学合作,共同开发在线教学资源,实现资源共享和优势互补。通过引入企业实际案例、行业标准、新技术、新工艺等,高职院校能极大地丰富教学内容。其中,企业实际案例可以让学生了解真实的工作场景和问题解决方法,培养学生的实践能力和创新思维;行业标准的引入有助于学生掌握行业规范和要求,提高学生的职业素养;新技术、新工艺则能使学生紧跟行业发展步伐,为未来就业打下坚实的基础。在此过程中,研究型大学可以提供技术支持和理论指导,助力高职院校教学内容的更新和升级。同时,高职院校应加强与企业的合作,并借助研究型大学的科研力量,共同开发产教融合课程。学校教师、企业专家和研究型大学的科研人员共同组成课程开发团队,深入分析职业岗位能力要求,确定课程目标、内容和教学方法。实现课程内容与职业标准对接,确保学生所学知识和技能与企业需求相匹配。这样的课程能够提升学生的职业竞争力,使他们在毕业后能够迅速适应工作岗位,为企业创造价值。①

---

① 段金梅.现代学徒制"双导师"协同育人模式探索与实践[J].郑州铁路职业技术学院学报,2020,32(03).

创新驱动发展背景下高职院校产教融合实施途径研究

二、加强师资队伍建设

教师是高职院校产教融合的重要参与者,其素质和能力直接影响产教融合的效果。在当今快速发展的时代,高职院校必须高度重视师资队伍建设,以确保产教融合能够顺利推进并取得显著成效。[①]为了进一步提升师资队伍的整体水平,高职院校可以借助研究型大学的力量,共同推进师资队伍建设。

高职院校应加强师资队伍建设,可以通过引进高层次人才来提升整体师资水平。在此过程中,可以与研究型大学建立人才共享机制,吸引其优秀毕业生或在职教师到高职院校任教或兼职,为高职院校带来新的教学理念和方法。高层次人才通常具有丰富的学术背景和实践经验,他们的加入不仅能够提升学校的学术水平,还能在科研和技术研发方面发挥引领作用。此外,培养青年教师也是至关重要的。高职院校可以与研究型大学合作,为青年教师提供专业培训、学术交流和实践锻炼的机会。通过参与研究型大学的教学和科研项目,青年教师能够迅速提升自身的教学和科研能力,成长为教学骨干。加强在职教师培训同样不可忽视。高职院校可以定期组织教师参加由研究型大学或行业专家主讲的各类专业培训和研讨会,了解行业最新动态和技术发展趋势,不断更新知识结构。同时,鼓励教师与研究型大学的教师进行学术交流和合作,共同开展科研项目,提升教师的科研能力和学术水平。

为了增强教师的产业认知和实践经验,高职院校应鼓励教师参与企业实践和技术研发,并借助研究型大学的企业合作网络,为教师提供更多的实践机会。与企业建立紧密的合作关系,为教师提供到企业挂职锻炼、参与项目合作的机会。通过参与企业实践,教师能够深入了解产业需求和企业运作模式,将这些经验带回课堂,使教学更加生动、实用,从而提高教学水平和质量。在具体研发层面,教师可以与研究型大学的科研人员共同开展科研

---

① 朱晶晶.高职院校产教融合的路径与支持政策研究[D].南昌大学,2022(05).

项目,这不仅能够提升教师的科研能力,还能为企业解决实际问题,实现互利共赢。同时,高职院校可以借鉴研究型大学的科研成果转化经验,推动产教融合成果的产业化应用。

此外,高职院校还应建立与企业合作的教师评价机制,并借鉴研究型大学的评价体系。将教师的产业服务能力纳入评价体系,从教师参与企业实践的时间、成果、对企业的贡献等多个方面进行综合评价。通过这种评价机制,激励教师积极参与产教融合,提高教师对产教融合的重视程度和参与度。同时,也为教师的职业发展提供了新的方向和动力。

三、提升科技创新能力

科技创新能力是高职院校产教融合的重要支撑。在当今知识经济时代,科技创新已成为推动产业发展的核心动力。

高职院校作为培养高素质技术技能人才的重要基地,不仅承担着教学任务,还必须不断提升自身的科技创新能力,以更好地服务于产业发展。在此过程中,借助研究型大学的力量,可以进一步加速这一进程。高职院校应加强与企业的科研合作,并邀请研究型大学作为第三方参与或指导。企业在生产实践中面临的各种技术难题和创新需求,往往超出了高职院校自身的解决能力。而研究型大学则拥有更为深厚的科研积累和前沿技术,可以为合作项目提供更为坚实的理论基础和技术支持。通过三方合作,可以实现优势互补、资源共享,共同开展技术研发、产品创新等合作项目,推动产业技术的升级和转型。为了提升高职院校的科技创新能力,可以设立联合科研基金,建立跨校科研团队,搭建共享科研平台。联合科研基金可以整合高职院校、企业和研究型大学的资金资源,为科研项目提供更为充足的资金保障。跨校科研团队可以汇聚不同学校的科研力量,发挥团队成员的专业优势,提高科研效率和质量。共享科研平台则可以提供更为先进的硬件设施和软件环境,促进科研成果的产出和转化。同时,高职院校应鼓励教师和学生积极参与科研活动,并借助研究型大学的资源和经验来提升他们的科研能力。研究型大学可以开放其实验室、图书馆等资源,为教师提供进修机会,为学生提供实习和实践平台。此外,高职院校还可以与研究型大学共同举办学术会议、研讨会等活动,促进学术交流与合作,拓宽师生的学术视野。

为产业发展提供源源不断的智力支持是高职院校的重要使命。通过提升科技创新能力,高职院校不仅可以为企业提供技术咨询、人才培训、产品研发等服务,还可以与研究型大学共同开展产业技术研究和应用示范项目,推动产业升级和转型。同时,高职院校和研究型大学可以将科研成果转化为实际生产力,促进地方经济的发展,实现产学研用的深度融合。

四、构建产教融合创新平台

产教融合创新平台是高职院校产教融合的重要载体,对于推动教育与产业的深度融合、培养高素质创新人才、促进经济社会发展具有至关重要的意义。

高职院校应构建集人才培养、科研创新、社会服务等功能于一体的产教融合创新平台。在人才培养方面,平台可以为学生提供实践教学、实习实训、创新创业等机会,使学生在真实的产业环境中学习和成长,提高学生的实践能力和职业素养。在科研创新方面,平台可以汇聚学校和企业的科研力量,共同开展技术研发、产品创新等活动,推动科技成果转化和应用。在社会服务方面,平台可以为企业提供技术咨询、人才培训、项目合作等服务,促进企业的发展和升级。通过设立产教融合创新中心、共建实验室、开展产学研合作项目等方式,加强校企之间的紧密联系和深度合作。[1]产教融合创新中心可以作为校企合作的协调机构,负责制定合作计划、组织实施合作项目、协调解决合作中出现的问题等。共建实验室可以充分发挥学校和企业的优势,共同投入资金、设备和技术,开展前沿性、实用性的科研项目。产学研合作项目可以涵盖技术研发、产品创新、人才培养等多个领域,通过项目合作,实现学校和企业的互利共赢。同时,积极引进外部资源,包括政府、行

---

① 蓝婷,张博闻."双高计划"背景下高职院校青年教师提升社会服务能力路径分析[J].现代职业教育,2021(45).

业协会、科研机构等,形成多方参与的产教融合创新生态系统。政府可以出台相关政策,为产教融合创新平台提供资金支持、政策保障和公共服务。行业协会可以发挥桥梁和纽带作用,促进学校与企业之间的信息交流和合作对接。科研机构可以为产教融合创新平台提供技术支持和智力支持,共同开展科研项目和技术创新活动。通过多方参与,形成产教融合创新的强大合力,推动高职院校产教融合向更高水平、更深层次发展。

五、加强国际合作与交流

国际合作与交流是高职院校产教融合的重要补充,在全球化的时代背景下,为高职院校的发展带来了新的机遇和挑战。[①]

高职院校应积极与国际知名高校、企业等开展合作与交流活动。与国际知名高校的合作可以包括师生交换、联合培养、学术交流等方面。通过师生交换,学校的师生可以亲身体验不同国家的教育体系和文化氛围,拓宽视野,提升专业素养。联合培养项目可以整合国内外优质教育资源,为学生提供更广阔的发展空间和更丰富的学习体验。学术交流活动可以促进双方教师之间的学术合作和知识共享,推动学科建设和科研创新。与国际企业的合作可以引进国际先进的产业技术和管理经验,为学生提供实习实训机会,提高学生的实践能力和就业竞争力。引进国际先进的教育理念、教学方法和产业技术是国际合作与交流的重要目标之一。[②]国际上一些先进的教育理念强调以学生为中心,注重实践能力和创新思维发展,这些理念可以为高职院校的教育教学改革提供有益的借鉴。国际先进的教学方法,如项目式教学、案例教学等,可以激发学生的学习兴趣和主动性,提高教学效果。同时,引进国际先进的产业技术可以促进学校的专业建设和课程设置与国际接轨,为产业发展培养具有国际竞争力的高素质技术技能人才。通过设立

---

① 周珍.高职院校艺术教育现状及改进策略[J].名家名作,2018(06).

② 教育部.教育部关于实施研究生教育创新计划加强研究生创新能力培养 进一步提高培养质量的若干意见.教研〔2005〕1号.[2005-01-21].http://www.moe.gov.cn/srcsite/A22/moe_826/200501/t20050121_82745.html.

国际交流基金、开展国际产学研合作项目等方式,加强与国际社会的联系和互动。国际交流基金可以为师生的国际交流活动提供资金支持,鼓励更多的师生参与国际合作与交流。国际产学研合作项目可以整合国内外高校、企业和科研机构的资源,共同开展技术研发、产品创新和人才培养等活动,实现互利共赢。同时,鼓励学生参与国际交流与合作活动,培养他们的国际视野和跨文化交流能力。学生可以通过参加国际学术会议、国际竞赛、海外实习等活动,了解不同国家的文化和产业发展情况,提高自己的跨文化交流能力和全球胜任力。学校可以为学生提供相关的培训和指导,帮助他们更好地适应国际交流与合作的环境。

总之,高职院校产教融合实施路径的智力支持体系建构至关重要。整合优质教育教学资源,实现课程与产业紧密对接,提升教学质量与学生竞争力;加强师资队伍建设,引进人才、培养青年教师、强化在职培训并鼓励其参与企业实践,建立合作评价机制;提升科技创新能力,与企业合作开展项目,通过多种方式推动成果转化,鼓励师生参与科研;构建产教融合创新平台,集多种功能于一体,加强校企合作并引进外部资源;完善内部管理机制,涵盖各个环节,加强顶层设计与统筹协调,建立评估机制;加强国际合作与交流,与国际高校和企业合作,引进先进理念和技术,鼓励学生参与国际交流以培养国际视野和跨文化交流能力。这六个方面相互配合,共同推动高职院校产教融合深入发展,为培养高素质技术技能人才、服务经济社会发展提供有力支撑。

第二节 政策保障方面的实施路径

在高职院校产教融合实施路径的体系建构中,政策保障方面起到了至关重要的作用。政策的有效制定和实施,能够为高职院校与企业的深度合作提供明确的指导、有力的支持和稳定的保障。

第七章　高职院校产教融合实施路径的体系建构

一、政策制定与引导

政策制定与引导在高职院校产教融合中起着关键的推动作用,涵盖了明确政策导向和优化政策环境两个重要方面。

首先,明确政策导向至关重要。政府应充分认识到产教融合在高等职业教育发展中的核心地位,将其作为提升职业教育质量、培养高素质技能型人才、推动产业升级的重要举措。通过制定相关政策文件,如《职业教育产教融合实施方案》等,能够为高职院校产教融合提供清晰明确的发展方向。这些政策文件应明确产教融合的指导思想,即以服务经济社会发展为宗旨,以培养适应产业需求的高素质技术技能人才为目标,坚持产教融合、校企合作、工学结合、知行合一。同时,确立基本原则,如市场导向原则、互利共赢原则、协同创新原则等,确保产教融合的可持续发展。明确主要目标,包括提高人才培养质量、增强企业技术创新能力、促进产业转型升级等,为产教融合的实施提供具体的目标指引。此外,详细规划重点任务,如建立产教融合协同育人机制、推进专业与产业对接、加强实训基地建设、促进师资队伍双向流动等,使高职院校和企业在产教融合中有具体的行动指南。

其次,优化政策环境对于激发企业和高职院校参与产教融合的积极性和主动性至关重要。政府应营造有利于产教融合的政策环境。在税收优惠方面,对积极参与产教融合的企业给予一定的税收减免或优惠政策,鼓励企业加大对职业教育的投入。例如,对企业用于实习实训设备购置、学生实习补贴等方面的支出,在计算企业所得税时给予一定比例的扣除。财政补贴方面,政府应设立产教融合专项补贴资金,对开展产教融合项目的高职院校和企业给予资金支持。可以用于支持实训基地建设、课程开发、师资培训等项目。资金扶持方面,建立多元化的资金投入机制,引导社会资本参与产教融合。政府可以通过设立产业投资基金、风险投资基金等方式,为产教融合项目提供资金支持。同时,鼓励金融机构创新金融产品和服务,为产教融合项目提供融资支持。

创新驱动发展背景下高职院校产教融合实施途径研究

二、政策执行与监督

政策的有效执行与严格监督是确保高职院校产教融合顺利推进的关键环节,涵盖了加强组织领导、建立考评机制、加强监督检查等多个重要方面。

在加强组织领导方面,成立由政府牵头的产教融合领导小组或委员会具有重大意义。政府在产教融合中发挥着主导作用,通过组建这样的领导机构,可以有效地统筹协调各方资源,组织推动产教融合工作。领导小组或委员会应吸纳教育部门、财政部门、产业部门等相关部门的负责人以及企业代表、高职院校领导等参与其中,共同谋划产教融合的发展战略和具体举措。明确各相关部门的职责分工至关重要。教育部门负责制定产教融合的教育政策和人才培养方案,引导高职院校积极开展产教融合;财政部门负责落实产教融合的资金支持,确保资金的合理分配和有效使用;产业部门负责协调企业参与产教融合,提供产业需求信息和实践机会。通过明确职责分工,各部门能够各司其职,形成工作合力,共同为产教融合的顺利实施提供有力保障。建立考评机制对于推动产教融合工作具有重要的激励和约束作用。将产教融合工作纳入高职院校的考核评价体系,能够促使高职院校更加重视产教融合,积极主动地开展相关工作。对产教融合项目的实施效果进行定期评估和总结,可以及时发现问题和不足,为改进工作提供依据。评估内容可以包括产教融合项目的实施进度、人才培养质量、企业满意度、科技成果转化等多个方面。将评估结果作为高职院校评优评先、政策支持的重要依据,能够激励高职院校不断提高产教融合的质量和水平。对于在产教融合工作中表现突出的高职院校,给予表彰和奖励,加大政策支持力度;对于工作不力的高职院校,提出整改要求,督促其改进工作。加强监督检查是确保政策有效执行和项目顺利推进的重要手段。建立产教融合工作的监督检查机制,对政策执行情况、项目进展情况进行定期检查和督导。监督检查可以采取多种方式,如实地考察、查阅资料、听取汇报等。通过监督检查,及时了解政策执行过程中存在的问题和困难,并采取有效措施加以解决。对于政策执行不到位、项目进展缓慢的情况,要进行通报批评,并责令相关单位限期整改。同时,要加强对产教融合资金的监督管理,确保资金使用安全、合理、有效。建立健全资金审计制度,对产教融合项目的资金使用情况进行审计,防止资金挪用、浪费等现象的发生。

三、政策支持与激励

政策支持与激励在高职院校产教融合中发挥着至关重要的作用,涵盖了财政资金支持、税收优惠和人才扶持等多个方面。

在财政资金支持方面,政府应充分认识到高职院校产教融合对于经济社会发展的重大意义,加大对产教融合项目的财政资金支持力度。通过设立专项资金,可以为高职院校与企业开展深度合作提供稳定的资金来源。专项资金可用于支持实训基地建设、课程开发、师资培训、技术研发等项目。例如,投入资金建设现代化的实训基地,配备先进的设备和技术,为学生提供真实的实践环境;资助高职院校与企业共同开发符合产业需求的课程,使教学内容更加贴近实际工作;支持教师到企业进行实践锻炼,提升教师的实践教学能力。同时,项目资助也是一种有效的支持方式。政府可以根据产教融合项目的重要性和可行性,给予不同程度的资助。对于具有创新性和示范性的项目,可以给予重点支持,以鼓励高职院校和企业积极探索产教融合的新模式和新途径。在税收优惠方面,对参与产教融合的企业给予一定的税收优惠,能够有效降低企业参与产教融合的成本,提高企业的积极性。减免企业所得税、增值税等税收政策,可以减轻企业的经济负担。例如,对企业用于学生实习实训的费用、与高职院校共同开展技术研发的投入等,在计算企业所得税时给予一定比例的扣除。此外,对于捐赠设备、资金等支持产教融合的企业,可以给予相应的税收优惠。通过这些税收优惠政策,鼓励更多的企业积极参与到高职院校的产教融合中来,实现企业与学校的互利共赢。在人才扶持方面,制定有利于产教融合人才培养的政策措施至关重要。设立产教融合人才培养专项计划,为高职院校和企业共同培养高素质技术技能人才提供支持。专项计划可以包括学生奖学金、企业实习补贴、教师企业实践津贴等内容。例如,设立学生奖学金,鼓励学生努力学习专业知

创新驱动发展背景下高职院校产教融合实施途径研究

识和技能,提高综合素质;给予企业实习补贴,吸引更多的学生到企业实习,增强学生的实践能力;为教师提供企业实践津贴,鼓励教师深入企业了解行业动态和技术需求,提高教学质量。建立产教融合人才激励机制,对在产教融合中表现突出的教师和企业技术人员进行表彰和奖励。可以设立产教融合优秀教师奖、企业技术能手奖等,激励他们在产教融合中发挥更大的作用。同时,在职称评定、职务晋升等方面,对参与产教融合的教师和企业技术人员给予适当的倾斜,鼓励他们积极参与产教融合。

四、政策宣传与推广

政策宣传与推广在高职院校产教融合中起着至关重要的作用,它能够提高政策的社会认知度和影响力,促进各方之间的合作与交流,激发更多的高职院校和企业参与产教融合的热情。

首先,加强政策宣传是政策宣传与推广的重要环节。通过媒体宣传、政策解读、案例分享等方式,可以加大对产教融合政策的宣传力度。媒体宣传具有广泛的传播范围和强大的影响力,可以利用报纸、电视、网络等多种媒体渠道,对产教融合政策进行全面、深入的报道。政策解读则可以帮助高职院校、企业和社会公众更好地理解政策的内涵和要求,明确各方在产教融合中的权利和义务。案例分享是一种生动、直观的宣传方式,可以通过介绍产教融合的成功案例,展示产教融合在人才培养、科技创新、产业升级等方面的积极作用,为其他高职院校和企业提供借鉴和参考。例如,可以邀请成功开展产教融合的高职院校和企业代表进行经验分享,或者制作产教融合案例专题片在媒体上播放。

其次,搭建交流平台是促进产教融合的有效手段。建立产教融合交流平台,可以组织高职院校、企业、行业协会等各方参与,分享产教融合的成功经验和做法,促进各方之间的合作与交流。交流平台可以采取多种形式,如举办产教融合研讨会、论坛、培训班等。研讨会和论坛可以邀请专家学者、企业代表、政府官员等进行主题演讲和交流讨论,分享产教融合的最新理论和实践成果;培训班则可以为高职院校和企业提供产教融合的专业培训,提高各方的产教融合能力和水平。此外,交流平台还可以建立在线交流社区,为各方提供便捷的交流渠道,促进信息共享和资源整合。

最后,推广典型案例是激发产教融合热情的重要途径。挖掘和推广产教融合的典型案例,可以展示产教融合在人才培养、科技创新、产业升级等方面的积极作用,激发更多的高职院校和企业参与产教融合的热情。典型案例可以从不同的角度进行挖掘,如产教融合的模式创新、合作机制、成果转化等方面。在推广典型案例时,可以通过多种方式进行,如编写典型案例集、制作宣传展板、举办典型案例展示会等。同时,可以利用媒体对典型案例进行广泛宣传,扩大典型案例的影响力和示范效应。例如,可以在教育部门的官方网站上开设产教融合典型案例专栏,定期发布典型案例,为其他高职院校和企业提供学习和借鉴的范例。

五、政策创新与完善

政策创新与完善在高职院校产教融合的推进过程中起着关键作用,涵盖政策机制创新、政策体系完善和政策作用协调等多个重要方面。

在政策机制创新方面,政府应充分认识到产教融合发展的动态性和复杂性,根据不断出现的新情况、新问题,持续创新政策机制。建立产教融合项目库是一项重要举措。通过广泛征集高职院校与企业合作的项目,对其进行分类管理和评估,筛选出具有创新性、可行性和示范性的项目纳入项目库。这不仅为产教融合提供了具体的项目支撑,也为政府、企业和社会资本的投入提供了明确的方向。设立产教融合基金可以为产教融合项目提供稳定的资金支持。基金可以通过政府投入、企业捐赠、社会募集等多种方式筹集资金,用于支持产教融合的重点领域和关键环节,如实训基地建设、师资队伍培养、技术研发等。同时,还可以通过创新基金的管理模式和使用方式,提高资金的使用效率和效益,为产教融合提供更多的政策支持和保障。在政策体系完善方面,相关部门应致力于建立健全产教融合的政策体系。产教融合的法律法规是政策体系的基础,应明确产教融合中各方的权利和义务,规范产教融合的行为和秩序。例如,制定《职业教育法》的实施细则,明确企业参与职业教育的责任和义务,保障企业在产教融合中的合法权益。政策文件则应根据不同阶段的产教融合发展需求,制定具体的政策措施和行动方案。比如,出台《关于加强产教融合实训基地建设的指导意见》,明确实训基地的建设标准、管理模式和运行机制。标准规范是产教融合政策体系的重要组成部分,应制定产教融合的质量标准、评价指标和认证体系,确保产教融合的质量和效果。例如,建立产教融合项目的质量评估标准,对项目的实施过程和成果进行定期评估和认证,为产教融合提供全面的政策支持和保障。在政策作用协调方面,相关部门应加强政策之间的协调与衔接。产教融合涉及多个部门和领域,不同的政策之间可能存在冲突或不协调的情况。因此,需要加强部门之间的沟通与合作,建立政策协调机制,确保各项政策之间的协同性和一致性。例如,教育部门、财政部门、产业部门等应共同制定产教融合的政策措施,明确各自的职责和任务,形成政策合力。同时,还应加强政策与市场机制的协调,充分发挥市场在资源配置中的决定性作用,引导企业和社会资本积极参与产教融合。例如,通过税收优惠、财政补贴等政策手段,激励企业加大对产教融合的投入;通过建立产教融合服务平台,为企业和高职院校提供信息咨询、项目对接、技术转移等服务,促进产教融合的深入发展。

总之,高职院校产教融合政策的制定与引导、执行与监督、支持与激励、宣传与推广、创新与完善五个方面相辅相成,在实践中应多管齐下、综合施策,这样才能为产教融合深入发展提供全面的政策支持和保障。

第三节 平台搭建方面的实施路径

高职院校产教融合实施路径的体系建构中,平台搭建方面是至关重要的一环。这一方面的建设旨在促进学校与企业、行业之间的紧密合作,实现资源共享、优势互补,进而提升人才培养质量和社会服务能力。

第七章　高职院校产教融合实施路径的体系建构

一、合作交流平台搭建

高职院校的合作交流平台在推动产教融合、提升人才培养质量和服务社会经济发展等方面发挥着至关重要的作用,一般包括校企合作平台、行业协会合作平台和产学研一体化平台等。

首先,积极搭建校企合作平台是实现高职院校与企业深度融合的关键举措。高职院校应主动与相关企业建立紧密的合作关系,通过签署合作协议,明确双方在人才培养、技术研发、实习实训等方面的权利和义务。共建实训基地是校企合作的重要内容之一,学校可以提供场地和教学资源,企业则投入先进的设备和技术,共同打造符合行业标准的实训环境。这样的实训基地既能满足学生的实践教学需求,又能为企业员工培训提供便利。共同开发课程也是校企合作的重要方式,学校教师与企业技术人员共同研讨,将企业的实际项目和技术需求融入课程内容,使课程更加贴近实际工作,培养出具有实践能力和创新精神的高素质技术技能人才。通过这一平台,学校可以及时了解企业的技术需求和市场动态,根据企业需求调整专业设置和课程内容,提高人才培养的针对性和适应性。企业则可以利用学校的科研力量和人才优势,共同推动技术创新和产业升级,提升企业的核心竞争力。

其次,与行业协会建立紧密的合作关系对于高职院校来说也具有重要意义。行业协会作为连接政府、企业和学校的桥梁与纽带,在促进产业发展和人才培养方面发挥着重要作用。高职院校应积极参与行业协会组织的各类活动,如行业研讨会、技术交流会、人才招聘会等。通过这些活动,学校可以了解行业的发展趋势和企业的用人需求,为人才培养方案的制定提供有力支持。同时,学校可以与行业协会共同开展行业标准制定、职业技能鉴定等工作,提升学校在行业内的影响力和话语权。此外,行业协会还可以为学校与企业之间的合作牵线搭桥,促进双方在人才培养、技术研发、实习就业等方面的深度合作。

最后,构建产学研一体化平台是实现学校、企业和科研机构之间深度合作的重要途径。产学研一体化平台将学校的教学科研优势、企业的技术创新需求和科研机构的研发能力有机结合起来，形成强大的创新合力。通过该平台，学校可以与企业、科研机构共同开展科研项目，整合各方资源，共同攻克技术难题。学校教师和学生可以参与到实际的科研项目中，提高科研水平和实践能力。同时，将科研成果转化为实际生产力是"产学研"一体化平台的重要目标之一。学校可以通过技术转让、合作开发等方式，将科研成果推向市场，为企业创造经济效益，提高学校的社会服务能力。此外，产学研一体化平台还可以促进企业的技术升级和产业转型，推动区域经济的发展。

二、实践教学平台搭建

高职院校实践教学平台在培养学生实践技能、提高学生职业素养方面具有不可替代的重要意义，一般包括校内实训基地、校外实习基地等。

首先，加强校内实训基地的建设是提升实践教学质量的关键环节。高职院校应高度重视校内实训基地的规划与建设，投入足够的资金和人力，为学生提供更多的实践机会。[①]实训基地的建设要紧密结合专业特点和行业需求，模拟真实的工作环境，尽可能地还原企业生产场景。引入企业的先进设备和技术，让学生在校期间就能接触到最新的行业知识和技能，缩短学生从学校到企业的适应期。例如，在机械制造类专业的实训基地，可以配备先进的数控机床、3D打印设备等；在电子信息类专业的实训基地，可以引入最新的通信技术设备和软件开发平台。同时，学校还应加强实训基地的管理和维护。建立健全实训基地的管理制度，明确管理人员的职责和权限，确保实训设备的正常运行和安全使用。定期对实训设备进行维护和保养，及时更新和升级设备，保证实训基地的持续发展。此外，还可以通过开展实训基地开放日、技能竞赛等活动，提高学生对实训基地的使用积极性和参与度。其次，积极拓展校外实习基地对于学生的实践能力和就业具有重要意义。

---

① 卢霞.产教融合背景下高职院校跨境电商人才培养路径研究[J].河北企业,2020
(10).

第七章　高职院校产教融合实施路径的体系建构

高职院校应与企业建立紧密的合作关系，通过与企业的合作，建立稳定的校外实习基地。校外实习基地可以为学生提供更加真实的工作环境和实践机会，让学生在实际工作中锻炼自己的专业技能和职业素养。学校应加强对校外实习基地的管理和指导，确保学生的实习质量和安全。在选择校外实习基地时，要注重企业的规模、实力和行业影响力，选择与专业对口、管理规范、技术先进的企业作为实习基地。与企业签订实习协议，明确双方的权利和义务，确保学生在实习期间的合法权益。学校要安排专业教师对学生的实习进行指导和管理，定期与企业沟通交流，了解学生的实习情况，及时解决学生在实习中遇到的问题。同时，要加强对学生的安全教育，增强学生的安全意识，确保学生在实习期间的人身安全。

三、师资培训平台搭建

在高职院校中，师资培训平台的搭建至关重要，它直接关系到教师队伍的整体素质和教学质量的提升。需分类型进行搭建，以满足不同教师的培训需求，为高职院校的发展提供坚实的人才支撑。

对于新入职教师，搭建基础教育教学平台是帮助他们顺利开启职业生涯的关键。这个平台应提供全面的教学技能培训，包括课堂管理技巧、教学方法的运用、教学资源的整合等。通过案例分析、模拟教学等方式，让新教师直观地了解教学过程中的各种情况及应对方法。课程设计与实施方面的培训也不可或缺，帮助新教师掌握如何根据专业特点和学生需求设计合理的课程体系，以及如何有效地实施教学计划。这样的培训能够助力新入职教师快速适应教学环境，为他们的职业发展打下良好的基础。针对骨干教师，构建专业发展平台能进一步激发他们的潜力，提升教学水平和科研能力。这个平台应聚焦学科前沿动态，定期组织学术讲座、研讨会等活动，邀请国内外专家学者分享最新的研究成果和发展趋势。在教学创新领域，鼓励骨干教师开展教学改革实践，探索新的教学模式和方法，如项目式教学、混合式教学等。同时，为骨干教师提供科研项目申报、学术论文撰写等方面的指导，支持他们开展科研工作，提高科研成果的质量和数量。通过这样的

创新驱动发展背景下高职院校产教融合实施途径研究

平台,骨干教师能够不断更新知识结构,提升专业素养,为学校的教学和科研工作做出更大的贡献。对于实训教师,建立实践操作平台是强化他们实践教学能力的重要途径。结合产业需求,这个平台应提供丰富的技能操作培训,包括先进设备的使用、工艺流程的掌握等。组织实训教师到企业进行实地考察和学习,了解企业的生产实际和技术需求,提高他们的实践指导能力。还可以开展技能竞赛等活动,激发实训教师的学习热情和创新意识。通过这样的平台,实训教师能够更好地满足实践教学的需求,为培养高素质的技术技能人才提供有力支持。此外,高职院校应加大"双师型"教师的培养力度。选派教师到企业挂职锻炼是一种有效的方式,让教师深入企业一线,参与企业的生产经营和管理,了解企业的技术需求和发展方向。教师在企业中可以学习到先进的生产技术和管理经验,提高自己的实践能力。同时,参与企业项目也能让教师将理论知识与实践相结合,为企业解决实际问题,实现校企合作的双赢。通过这些方式,培养出一批既具有扎实的理论知识,又具备丰富实践经验的"双师型"教师。最后,通过资源整合和技术支持,确保各类型平台互联互通,形成统一的师资培训体系。整合学校内部的教学资源、科研资源和企业的实践资源,为教师提供更加丰富的培训内容。利用现代信息技术,如在线课程平台、虚拟仿真实验平台等,为教师提供便捷的培训方式。同时,根据教师的个人需求和发展规划,为他们提供个性化、多元化的培训服务。例如,为有科研需求的教师提供定制化的科研培训课程,为有实践需求的教师安排有针对性的企业实践项目。通过这样的师资培训体系,能够全面提升高职院校师资队伍的整体水平,为学校的发展和人才培养提供强有力的保障。

总之,高职院校需积极搭建合作交流、实践教学和师资培训三大平台。在合作交流平台方面,包括校企合作平台、行业协会合作平台和产学研一体化平台等,通过与企业、行业协会合作及构建产学研平台,实现资源共享、优势互补,推动产教融合及技术创新。实践教学平台涵盖校内实训基地和校外实习基地,加强校内实训基地建设,模拟真实工作环境,引入先进设备技术,加强管理维护;积极拓展校外实习基地,与企业合作,确保学生实习质量和安全,为学生技能训练提供更多机会。师资培训平台分类型搭建,为新入职教师、骨干教师、实训教师分别提供针对性培训,同时加强"双师型"教师培养,通过资源整合和技术支持确保各平台互联互通,形成统一体系,为教师提供个性化、多元化的培训服务,以整体提升师资队伍素质,共同为培养高素质技术技能人才、推动社会经济发展贡献力量。

第四节　信息沟通方面的实施路径

在高职院校产教融合的实践中,信息沟通是连接学校与企业、行业的桥梁和纽带。通过有效的信息沟通,学校可以及时了解企业的技术需求、人才需求和行业动态,从而调整和优化人才培养方案;同时,企业也可以更好地了解学校的教学资源和科研实力,为校企合作提供更多可能。因此,信息沟通是高职院校产教融合实施路径中不可或缺的一环。

一、信息沟通平台的建设

在当今信息时代,信息沟通平台的建设对于高职院校的发展至关重要。它不仅能够促进校企合作、加强校内信息流通,还能拓展外部联系,提升学校的知名度和影响力。

(一)建立校企合作信息交流平台

高职院校与企业共同建立校企合作信息交流平台具有重大意义。随着经济的快速发展和产业结构的不断调整,企业对高素质技术技能人才的需求日益迫切,而高职院校则肩负着为社会培养这类人才的重任。通过建立专门的网站或信息交流软件作为校企合作信息交流平台,可以打破时间和空间的限制,实现学校与企业之间信息的高效传递和共享。这个平台可以详细分类展示企业的需求信息。企业可以发布岗位需求、技术难题、项目合作意向等内容。例如,企业在平台上公布近期的招聘计划,包括岗位要求、薪资待遇、职业发展路径等,让学校的学生和教师能够及时了解企业的用人需求,有针对性地进行学习和教学调整。同时,企业也可以提出在生产过程中遇到的技术难题,寻求学校的科研支持和解决方案。在学校资源方面,高职院校可以在平台上展示专业设置、师资力量、实训基地等信息。学校的专业设置情况能够让企业了解学校的人才培养方向,以便更好地进行人才对接。师资力量的展示可以突出学校教师的专业特长和科研成果,为企业提供技术咨询和合作的机会。实训基地的介绍则可以吸引企业将实际项目引入学校,共同开展实践教学和项目研发。对于合作项目,平台可以提供项目进展情况的实时更新。无论是校企共同开发的课程项目、技术研发项目还是实习实训项目,都可以在平台上展示项目的目标、计划、实施进度和成果。这样,学校和企业双方都能够及时了解项目的动态,协调资源,确保项目顺利进行。通过这个平台,学校和企业可以更加紧密合作,实现资源的优化配置和互利共赢。

(二)完善校内信息沟通机制

高职院校完善校内信息沟通机制是保障学校正常运转和发展的重要基础。学校内部各部门之间、教师之间以及教师与学生之间的信息畅通对于教学、科研和管理工作都有着至关重要的影响。建立内部信息交流平台是一种有效的方式。校园网站可以作为学校信息发布的主要平台,设置不同的板块,如学校新闻、通知公告、教学科研、学生工作等。学校新闻板块可以及时报道学校的重大活动、取得的成绩和荣誉等,增强师生的归属感和荣誉感。通知公告板块用于发布学校的各项政策、规章制度、会议安排等重要信息,确保师生能够及时了解学校的工作安排。教学科研板块可以展示教师的教学成果、科研项目进展、学术交流活动等,促进教师之间的教学和科研交流。学生工作板块则可以发布学生活动信息、奖学金评定、就业指导等内容,为学生提供全面的服务。微信群和QQ群也是便捷的校内信息沟通工具。可以根据不同的部门、专业和班级建立相应的群聊,方便信息的快速传递和交流。例如,教师可以通过班级群及时向学生发布课程安排、作业要求、考试通知等信息,学生也可以在群里提问和交流,提高教学效率。各部门之间可以通过群聊协调工作、分享经验,提高管理水平。此外,还可以利用这些群聊开展在线讨论、学术交流等活动,营造良好的学习和工作氛围。通过完善校内信息沟通机制,能够提高学校的工作效率和管理水平,促进教学质量的提升和师生之间的互动交流。

（三）拓展外部信息沟通渠道

除了与企业建立信息交流平台和完善校内信息沟通机制外,高职院校还应积极拓展外部信息沟通渠道,以更好地适应社会发展的需求。参加行业会议、展览、论坛等活动是拓展外部信息沟通渠道的重要方式。这些活动汇聚了行业内的专家学者、企业代表和高校同行,是了解行业动态和技术发展趋势的绝佳机会。高职院校可以组织教师和学生参加相关的行业会议和论坛,听取专家的报告和企业的经验分享,了解行业的最新发展动态和技术创新成果。同时,也可以在这些活动中展示学校的教学科研成果和人才培养特色,与其他高校和企业建立联系,寻求合作机会。参加展览可以让学校了解行业内的新技术、新产品和新设备,为教学和科研提供参考。与行业内其他高校、研究机构、企业等建立联系也是拓展外部信息沟通渠道的重要途径。可以通过合作项目、学术交流、人员互访等方式加强与其他单位的联系。合作项目可以整合各方资源,共同开展技术研发和人才培养,实现优势互补。学术交流可以促进知识的传播和创新,提高学校的学术水平。人员互访可以增进相互了解,学习借鉴其他单位的先进经验和做法。此外,通过媒体、网络等渠道加强与社会的联系和沟通也是非常重要的。利用报纸、电视、网络等媒体平台宣传学校的办学特色、教学成果和社会服务,提高学校的知名度和影响力。建立学校的官方微博、微信公众号等网络平台,及时发布学校的新闻动态、招生信息、就业信息等,与社会公众进行互动交流。通过这些渠道,学校可以更好地了解社会需求,为社会提供更加优质的服务。信息沟通平台的建设对于高职院校的发展具有重要意义。通过建立校企合作信息交流平台、完善校内信息沟通机制和拓展外部信息沟通渠道,高职院校可以实现信息的快速传递和共享,加强与企业、其他高校和社会的联系和沟通,提高学校的教学质量、科研水平和社会服务能力,为培养高素质技术技能人才和促进经济社会发展做出更大的贡献。

二、信息沟通的内容与方式

在高职院校与企业的合作中,信息沟通的内容与方式起着至关重要的作用,直接关系到合作的成效和可持续发展。

(一)校企合作项目信息的沟通

校企合作项目是高职院校与企业深度合作的重要载体,因此,对项目信息的有效沟通至关重要。高职院校与企业应定期召开项目沟通会议,这是确保项目顺利进行的关键环节。在项目沟通会议中,双方可以就合作项目的进展情况进行详细汇报和交流。学校方面可以介绍项目在教学资源整合、课程设置调整、学生实践安排等方面的推进情况;企业方面则可以分享项目在技术研发、产品生产、市场推广等方面的成果。通过这种深入交流,双方能够及时发现项目中存在的问题,并共同探讨解决方案。例如,在一个智能制造领域的校企合作项目中,学校可能在学生的理论教学方面取得了一定进展,但在实践环节中发现企业提供的设备与教学内容的匹配度有待提高。通过项目沟通会议,企业可以了解到这一问题,并及时调整设备供应或提供技术支持,以确保学生能够在实践中更好地掌握先进的智能制造技术。除了定期召开会议,通过邮件、电话等多种方式保持实时沟通也是必不可少的。邮件可以用于发送详细的项目报告、技术文档和问题反馈等。当项目中出现紧急问题或需要快速决策时,电话沟通则更加高效。例如,在项目执行过程中,企业突然接到一个紧急订单,需要学校调整学生的实习安排以满足生产需求。这时,通过电话沟通可以迅速传达信息,双方协商解决方案,确保项目不受影响。通过定期召开项目沟通会议以及多种方式的实时沟通,高职院校与企业能够及时了解项目的进展、问题和需求,共同推动合作项目顺利进行,实现互利共赢。

(二)人才供需信息的沟通

人才供需信息的沟通是高职院校与企业合作的重要内容之一。学校应定期收集企业的人才需求信息,这对于学校调整专业设置、优化人才培养方案具有重要指导意义。企业的人才需求信息包括岗位需求、技能要求、薪资待遇等多个方面。岗位需求可以让学校了解企业对不同专业人才的具体需求数量,从而合理安排招生计划和教学资源。技能要求则为学校的课程设置和教学内容提供了明确的方向,学校可以根据企业的技能要求调整课程体系,增加实践教学环节,使学生具备企业所需的实际操作能力。薪资待遇信息可以帮助学校引导学生树立正确的职业价值观,同时也为学校开展就业指导工作提供参考。例如,一家软件开发企业向学校反馈,目前市场上对具备人工智能和大数据分析技能的软件工程师需求较大,并且要求这些工程师具备良好的团队协作能力和项目管理经验。学校可以根据这一信息,在相关专业中增加人工智能和大数据分析的课程内容,同时加强对学生团队协作和项目管理能力的培养。学校将收集到的企业人才需求信息与学校的专业设置、人才培养方案等相结合,可以为学生提供更加贴近市场需求的教育和培训。学校可以邀请企业专家参与课程设计和教学指导,将企业的实际项目引入课堂教学,让学生在学习过程中接触到真实的工作场景和任务。同时,学校还可以组织学生到企业进行实习,让学生在实践中提升自己的专业技能和职业素养。此外,学校也应向企业推荐优秀毕业生,满足企业的人才需求。学校可以通过举办校园招聘会、企业宣讲会等活动,为企业和学生搭建交流平台。在推荐毕业生时,学校可以根据企业的需求,有针对性地推荐具备相应专业技能和综合素质的学生。同时,学校还可以为企业提供毕业生的简历、成绩单、实习评价等信息,帮助企业更好地了解学生的情况。例如,学校在了解到一家电子制造企业对电子工程专业的毕业生有较大需求后,可以组织相关专业的优秀毕业生参加企业的招聘会,并向企业推荐在专业课程学习、实践项目参与和科技创新活动中表现突出的学生。企业在招聘过程中,可以根据学校提供的信息,对学生进行更加全面考察和评估,提高招聘效率和质量。

(三)科研成果与技术创新信息的沟通

高职院校应加强与企业的科研合作,共同开展科研项目和技术创新活动。在这个过程中,双方及时沟通科研成果和技术创新信息至关重要。学校拥有丰富的科研人才和先进的实验设备,企业则具有丰富的实践经验和

创新驱动发展背景下高职院校产教融合实施途径研究

市场需求信息。通过及时沟通科研成果和技术创新信息,双方可以实现优势互补,促进科研成果的转化和应用。例如,学校的科研团队在某一领域取得了重要的科研成果,但可能由于缺乏市场推广和应用经验,难以将成果转化为实际生产力。通过与企业的沟通,企业可以了解到这一科研成果的价值和应用前景,并提供市场需求信息和产业化建议。双方可以共同制定科技成果转化方案,将科研成果应用于企业的生产实践中,实现科研成果的价值最大化。同时,学校可以邀请企业中的技术骨干和管理人员担任学校的客座教授或兼职教师,参与学校的教学和科研工作。企业技术骨干具有丰富的实践经验和专业技能,可以为学生带来真实的工作案例和实践经验,增强学生的实践能力和创新意识。管理人员则可以为学生传授企业管理经验和职业发展规划,培养学生的综合素质和职业素养。此外,他们还可以与学校教师共同开展科研项目,为学校的科研工作注入新的活力和思路。例如,一家汽车制造企业的技术骨干被邀请担任学校汽车工程专业的客座教授。他可以在课堂上为学生讲解汽车制造的最新技术和工艺,带领学生进行汽车维修和调试的实践操作。同时,他还可以与学校教师共同开展汽车节能减排技术的科研项目,为提高汽车行业的环保水平贡献力量。通过加强科研成果与技术创新信息的沟通,以及邀请企业技术骨干和管理人员参与学校教学和科研工作,高职院校可以提高自身的科研水平和创新能力,为企业的发展提供技术支持和人才保障,实现校企双方的共同发展。

三、信息沟通的保障措施

在高职院校与企业、行业的合作中,信息沟通的顺畅与否直接关系到产教融合的成效。为了确保信息沟通高效进行,需要采取一系列的保障措施。

（一）加强组织领导

高职院校应成立专门的产教融合领导小组或工作小组,这是确保信息沟通工作有序开展的重要组织保障。产教融合领导小组或工作小组应由学校领导、相关部门负责人、企业代表和行业专家组成。学校领导的参与可以为信息沟通工作提供强有力的支持和保障,确保各项工作能够顺利推进。

相关部门负责人则可以根据各自的职责分工,积极参与信息沟通工作,协调解决工作中出现的问题。企业代表和行业专家的加入可以为信息沟通工作提供实际的需求和专业的建议,使信息沟通更加贴近市场和行业的需求。产教融合领导小组或工作小组的主要职责是负责协调和组织学校与企业、行业之间的信息沟通工作。具体来说,他们需要制定信息沟通的工作计划和目标,明确信息沟通的内容、方式和频率等要求。同时,他们还需要协调学校内部各部门之间的工作,确保信息沟通工作的顺利开展。此外,他们还需要与企业和行业保持密切联系,及时了解市场和行业的需求变化,为学校的教学和科研工作提供指导和建议。为了确保信息沟通工作的顺利开展,还需要明确各部门的职责和任务分工。学校的教学部门应负责收集和整理教学方面的信息,包括课程设置、教学方法、教学资源等方面的信息,并及时与企业和行业进行沟通和交流。科研部门应负责收集和整理科研方面的信息,包括科研项目、科研成果、科研合作等方面的信息,并积极与企业和行业开展科研合作。招生就业部门应负责收集和整理学生就业方面的信息,包括企业用人需求、学生就业情况等方面的信息,并及时为学生提供就业指导和服务。此外,学校的其他部门也应根据各自的职责分工,积极参与信息沟通工作,为产教融合的顺利开展提供支持和保障。

(二)完善管理制度

高职院校应建立完善的信息沟通管理制度,这是确保信息沟通工作规范、有效的制度保障。信息沟通管理制度应明确信息沟通的内容、方式、频率等要求,使信息沟通工作有章可循。具体来说,信息沟通管理制度应包括以下几个方面的内容。首先,明确信息沟通的内容。信息沟通的内容应包括学校的教学、科研、招生就业等方面的信息,以及企业和行业的需求信息、市场动态等方面的信息。学校和企业、行业应根据各自的需求和实际情况,确定信息沟通的具体内容,确保信息沟通的针对性和实效性。其次,明确信息沟通的方式。信息沟通的方式应多样化,包括会议、邮件、电话、短信、微信等多种方式。学校和企业、行业应根据信息沟通的内容和紧急程度,选择合适的信息沟通方式,确保信息沟通的及时、准确。最后,明确信息沟通的频率。信息沟通的频率应根据信息的重要性和紧急程度来确定。对于重要的信息和紧急的情况,应及时进行沟通和交流;对于一般的信息,可以定期进行沟通和交流。学校和企业、行业应根据实际情况确定信息沟通的具体频率,确保信息沟通的及时性和有效性。此外,信息沟通管理制度还应加强对信息沟通工作的监督和考核。学校应建立信息沟通工作的监督机制,定期对信息沟通工作进行检查和评估,及时发现问题并进行改进。同时,学校还应建立信息沟通工作的考核机制,对信息沟通工作表现突出的部门和个人进行表彰和奖励,对信息沟通工作不力的部门和个人进行批评和处罚,确保信息沟通工作的顺利开展。

(三)提高信息化水平

高职院校应加强信息化建设,提高信息沟通的效率和质量。在当今信息化时代,信息技术的应用已经成为提高工作效率和质量的重要手段。高职院校应充分利用信息技术的优势,建立信息化管理系统,采用云计算和大数据技术等手段,实现信息的快速传递和共享。建立信息化管理系统是提高信息沟通效率和质量的重要途径。信息化管理系统可以将学校的教学、科研、招生就业等方面的信息进行整合和管理,实现信息的集中存储和快速查询。同时,信息化管理系统还可以为学校和企业、行业之间的信息沟通提供平台,实现信息的快速传递和共享。学校可以通过信息化管理系统发布学校的教学、科研、招生就业等方面的信息,企业和行业可以通过信息化管理系统查询学校的信息,并及时反馈自己的需求和意见。此外,信息化管理系统还可以为学校和企业、行业之间的合作项目提供管理平台,实现项目的在线申报、审批、跟踪和评估等功能,提高项目管理的效率和质量。采用云计算和大数据技术等手段可以进一步提高信息沟通的效率和质量。云计算技术可以实现信息的分布式存储和计算,提高信息的存储容量和处理速度。大数据技术可以对海量的信息进行分析和挖掘,提取有价值的信息和知识,为学校的教学和科研工作提供决策支持。学校可以利用云计算和大数据技术等手段,对学校和企业、行业之间的信息进行分析和挖掘,了解市场和行业的需求变化,为学校的专业设置、课程改革、人才培养等方面的工作提供指导和建议。①同时,高职院校还应加强对教师和学生的信息化培训和教育,提高他们的信息素养和沟通能力。教师和学生是信息沟通的主体,他们的信息素养和沟通能力直接影响信息沟通的效果。学校应定期组织教师和学生参加信息化培训和教育活动,提高他们的信息技术应用能力和信息安全意识。同时,学校还应鼓励教师和学生积极参与信息化教学和学习活动,提高他们的信息素养和沟通能力。例如,学校可以组织教师开展信息化教学比赛、学生开展信息化技能大赛等活动,激发教师和学生的学习热情和创新精神,提高他们的信息素养和沟通能力。

总之,加强组织领导、完善管理制度、提高信息化水平是确保信息沟通工作顺利开展的重要保障措施。高职院校应高度重视信息沟通工作,采取有效措施,加强组织领导、完善管理制度、提高信息化水平,确保信息沟通的高效、规范、有序进行,为产教融合的顺利开展提供有力支持。

第五节　价值引导方面的实施路径

在高职院校产教融合的过程中,价值引导的核心意义在于明确合作双方的共同目标和追求,确保产教融合的方向正确、目标明确。通过价值引导,可以促进学校与企业、行业之间的深度合作,实现资源共享、优势互补,共同推动经济社会的高质量发展。

一、价值引导的主要内容

在高职院校产教融合的进程中,价值引导起着至关重要的作用,它为产教融合的方向和目标提供了明确的指引,确保产教融合能够实现多方面的效益。

(一)教育价值引导

教育价值引导是高职院校产教融合价值引导的基础,它直接关系到人

---

① 赵凌云,胡中波.数字化:为智能时代教师队伍建设赋能[J].教育研究,2022,43(04).

创新驱动发展背景下高职院校产教融合实施途径研究

才培养的质量和未来发展。学校应始终坚持"育人为本"的教育理念,这是教育的核心价值所在。在产教融合的大背景下,将产教融合作为提高人才培养质量的重要途径,是顺应时代发展需求的必然选择。在产教融合过程中,学校应高度关注学生的全面发展。这不仅包括专业知识和技能的培养,还涵盖了学生的思想道德、身心健康、社会责任感等多个方面。学校注重培养学生的实践能力,通过与企业的合作,为学生提供更多的实习实训机会,让他们在真实的工作环境中锻炼自己,提高解决实际问题的能力。创新精神的培养也是关键,鼓励学生敢于突破传统思维,勇于尝试新的方法和技术,为未来的职业发展奠定坚实的基础。同时,职业素养的培养不可忽视,包括职业道德、职业规范、团队合作精神等,使学生具备良好的职业态度和行为习惯。学校还应加强与企业、行业的合作,共同制定人才培养方案。企业和行业对人才的需求最为直接和明确,通过与它们的紧密合作,能够确保人才培养与社会需求紧密对接。在制定人才培养方案时,应充分考虑企业的岗位需求、技术发展趋势以及行业的标准规范,使培养出来的学生能够迅速适应工作岗位,为企业和社会创造价值。例如,一些工科专业可以邀请企业的工程师参与课程设置和教学内容的制定,将企业的实际项目引入课堂教学,让学生在学习过程中接触到真实的工作任务和挑战。

(二)经济价值引导

经济价值引导是高职院校产教融合价值引导的重要方面,对于推动经济高质量发展具有重要意义。学校应充分认识到产教融合对于推动经济高质量发展的重要作用,积极与企业、行业开展合作,共同探索产业转型升级的新路径。在产教融合过程中,学校应发挥自身的科研优势,为企业提供技术支持和解决方案。高职院校通常拥有一批专业的教师和科研人员,他们在各自的领域具有丰富的知识和经验。通过与企业的合作,可以将学校的科技成果转化为实际生产力,为企业解决技术难题,提高生产效率和产品质量。例如,在一些高新技术领域,学校的科研团队可以与企业合作开展技术研发,共同攻克关键技术,推动产业的升级和发展。推动科技成果转化和产业升级是产教融合的重要目标之一。学校可以通过建立科技成果转化平台、开展技术转移服务等方式,促进科技成果与企业的对接和转化。同时,学校还可以与企业共同开展产业升级项目,推动传统产业向高端化、智能化、绿色化方向发展。例如,在制造业领域,学校可以与企业合作开展智能制造技术的研发和应用,提高制造业的自动化水平和生产效率。此外,学校还应关注企业的经济效益,确保产教融合能够实现互利共赢。产教融合不是单方面的付出,而是双方共同努力、共同受益的过程。学校在与企业合作时,应充分考虑企业的经济利益,通过合作项目为企业带来实际的经济效益。例如,学校可以为企业提供员工培训、技术咨询等服务,帮助企业提高员工素质和管理水平,降低企业的运营成本。同时,企业也可以为学校提供实习实训基地、就业岗位等资源,为学校的人才培养和发展提供支持。

（三）社会价值引导

社会价值引导是高职院校产教融合价值引导的重要补充,对于推动社会进步和发展具有深远的影响。学校应认识到产教融合对于推动社会进步和发展的重要价值,积极履行社会责任,为社会发展做出贡献。在产教融合过程中,学校应关注社会发展需求,积极培养符合社会需求的高素质人才。社会的发展需要各种各样的人才,高职院校应根据社会的需求,调整专业设置和人才培养方向,培养出具有实践能力、创新精神和社会责任感的高素质人才。例如,在养老服务、环境保护、乡村振兴等领域,学校可以开设相关专业,培养专门人才,为社会发展提供有力支持。同时,学校还应加强与社会的联系和沟通,积极参与社会公益事业和志愿服务活动。通过参与社会公益事业,学校可以展示自己的社会责任感和担当精神,提高学校的社会声誉和影响力。例如,学校可以组织师生参与社区服务、环保活动、扶贫助困等公益活动,为社会传递正能量。此外,学校还可以与社会组织、公益机构等合作,共同开展公益项目,为社会做出更大的贡献。

二、价值引导的实现路径

在高职院校产教融合的实践中,价值引导的实现需要通过一系列具体的路径来落实,以确保产教融合能够真正发挥其在人才培养、经济发展和社

创新驱动发展背景下高职院校产教融合实施途径研究

会进步等方面的重要作用。

（一）树立共同价值观念

高职院校与企业、行业在产教融合过程中树立共同价值观念是实现价值引导的基础。只有双方在价值观念上达成共识，才能明确合作的目标和追求，共同致力于实现产教融合的多重价值。首先，双方应充分认识到产教融合对于提高人才培养质量的重要价值。高职院校的核心任务是培养高素质的技术技能人才，而企业和行业则需要具备实践能力和创新精神的员工。通过产教融合，高职院校可以将企业的实际需求融入教学过程中，使学生在学习过程中接触到真实的工作场景和任务，提高学生的实践能力和职业素养。同时，企业和行业也可以为高职院校提供实习实训基地、技术支持和师资培训等资源，帮助高职院校提高教学质量和人才培养水平。其次，双方应认识到产教融合对于推动经济高质量发展的重要价值。在当前经济转型升级的背景下，企业和行业需要不断进行技术创新和产业升级，而高职院校则拥有丰富的科研资源和人才优势。通过产教融合，双方可以共同开展技术研发、产品创新和产业升级等活动，推动科技成果转化和应用，提高企业的核心竞争力和经济效益，促进经济的高质量发展。最后，双方应认识到产教融合对于促进社会进步和发展的重要价值。产教融合不仅可以为社会培养大量的高素质技术技能人才，满足社会对人才的需求，还可以通过技术创新和产业升级推动社会的进步和发展。同时，产教融合还可以促进教育公平，提高社会的整体素质和文明程度。为了树立共同的价值观念，高职院校和企业、行业可以通过开展合作研讨会、培训交流活动等方式，加强双方之间的沟通和交流，增进彼此的了解和信任。同时，双方还可以共同制定产教融合的发展规划和目标，明确合作的方向和重点，为产教融合的顺利开展奠定坚实的基础。

（二）制定合作章程和协议

高职院校与企业、行业在产教融合过程中制定合作章程和协议是实现价值引导的重要保障。合作章程和协议可以明确双方的权利和义务、合作内容和方式、合作期限和成果分配等事项，确保双方的合作具有法律效力和约束力,促进合作的顺利进行。在制定合作章程和协议时,双方应充分考虑各自的利益和需求,确保章程和协议的公平性和合理性。合作章程和协议应明确双方在人才培养、技术研发、产品创新等方面的具体合作内容和方式,以及双方在合作过程中的投入和产出、成果分配等事项。同时,合作章程和协议还应明确合作的期限和终止条件,以及双方在合作过程中的违约责任和争议解决方式等。为了确保合作章程和协议的有效执行,双方应建立健全合作管理机制,加强对合作过程的监督和管理。双方可以成立合作管理委员会或工作小组,负责合作项目的策划、组织、实施和监督等工作。同时,双方还应定期对合作项目进行评估和总结,及时发现问题并采取措施加以解决,确保合作项目的顺利进行和目标的实现。

（三）加强沟通和交流

高职院校与企业、行业在产教融合过程中加强沟通和交流是实现价值引导的关键环节。只有通过加强沟通和交流,双方才能及时了解对方的需求和问题,共同商讨解决方案,促进合作的深入发展。为了加强沟通和交流,双方应建立定期沟通机制和信息共享平台。定期沟通机制可以包括定期召开合作研讨会、工作会议、项目汇报会等,及时交流合作项目的进展情况和存在的问题,共同商讨解决方案。信息共享平台可以包括建立合作网站、微信公众号、QQ 群等,及时发布合作项目的信息和成果,实现信息的快速传递和共享。同时,双方还应加强人员之间的交流和互动。高职院校可以选派教师到企业进行挂职锻炼、技术服务等活动,了解企业的实际需求和技术发展趋势,为教学和科研提供参考。企业也可以选派技术人员和管理人员到高职院校担任兼职教师、开展讲座等活动,为学生传授实践经验和职业技能。此外,双方还可以共同组织学生到企业进行实习实训、参观考察等活动,增强学生的实践能力和职业素养。

（四）引入第三方评价机制

为了确保产教融合的公平性和有效性,引入第三方评价机制对合作过程进行监督和评估是非常必要的。第三方评价机构可以对合作双方的投入、产出、效果等进行客观评价,为合作双方提供改进和优化的建议。第三方评价机构应具有独立性、专业性和权威性。独立性是指第三方评价机构应独立于高职院校和企业、行业之外,不受任何一方的影响,确保评价结果的客观公正。专业性是指第三方评价机构应拥有专业的评价团队和评价方法,能够对产教融合进行全面、深入的评价。权威性是指第三方评价机构应具有较高的社会声誉和影响力,其评价结果能够得到社会的广泛认可。第三方评价机构可以通过问卷调查、实地考察、数据分析等方式对产教融合合作进行评价。评价内容可以包括合作双方的投入情况、合作项目的进展情况、合作成果的质量和效益等方面。评价结果可以作为合作双方改进和优化合作的重要依据,同时也可以为政府部门制定产教融合政策提供参考。

总而言之,高职院校产教融合实施路径的体系建构对于推动高职院校的发展、提高人才培养质量、促进产业升级和经济社会发展具有重要意义。通过不断完善和优化这一体系,高职院校将能够更好地发挥自身优势,与企业、行业携手共进,为培养适应新时代需求的高素质技术技能人才做出更大的贡献。